Ralf Frisch

Der Kampf mit dem Engel

TVZ

Ralf Frisch

Der Kampf mit dem Engel

Ein theologischer Blick auf Alberto Giacometti

Alberto Giacometti (1901–1966)
zum 125. Geburtstag

TVZ
Theologischer Verlag Zürich

Der Theologische Verlag Zürich wird vom Bundesamt für Kultur mit einem Strukturbeitrag für die Jahre 2026–2028 unterstützt.

Bibliografische Information der Deutschen Nationalbibliothek

Die Deutsche Nationalbibliothek verzeichnet diese Publikation in der Deutschen Nationalbibliografie; detaillierte bibliografische Daten sind im Internet über http://dnb.dnb.de abrufbar.

Umschlaggestaltung
Simone Ackermann, Zürich

Druck
gapp print, Wangen im Allgäu

ISBN 978-3-290-18773-6 (Print)
ISBN 978-3-290-18774-3 (E-Book)

www.tvz-verlag.ch

Da rang einer mit ihm,
bis die Morgenröte heraufzog.
Und er sah,
dass er ihn nicht bezwingen konnte.
Und er sprach:
Lass mich los,
denn die Morgenröte ist heraufgezogen.
Er aber sprach:
Ich lasse dich nicht,
es sei denn, du segnest mich.

Genesis 32,25–27

Das ist ein dünnes Buch. Dünner noch als die dünnsten Skulpturen Alberto Giacomettis. Wenn dieses Buch auch nur annähernd die Substanz hätte, die in Giacomettis konzentriertesten Köpfen komprimiert ist, wäre ich glücklich und zufrieden.

Die Idee, über Giacometti zu schreiben, nistete sich in mir ein, als ich im Kunsthaus Zürich erstmals einer seiner Skulpturen gegenüberstand und mich kaum mehr von ihr lösen konnte. Vielleicht führten mich meine Ferienwege später auch deshalb ins Bergell, weil mich Alberto Giacometti dorthin zog. Ins Angesicht jener grauen Berge, ohne die seine Kunst nicht denkbar ist. Jedenfalls nicht für mich.

Damals vermochte ich nicht zu schreiben, was ich schreiben wollte. Und so gerieten die Gedanken des Theologen über den Künstler Alberto Giacometti in Vergessenheit. So glaubte ich jedenfalls. Aber sie hielten sich hartnäckig im Hinterkopf meines Denkens. Offenbar wollten sie wiedergefunden werden.

Anders ist es nicht zu erklären, dass mir ein Engel den Satz eingab, den ich eines Tages auf der Suche nach der nächsten Buchidee zu Bigna Hauser, der Co-Leiterin des Theologischen Verlags Zürich, sagte: «Ich könnte doch etwas zum 125. Geburtstag von Alberto Giacometti schreiben.» Sie sagte: «Mach!» Und es geschah. Und es zeigte sich, dass all das, was ich für verloren und begraben hielt, noch da war und sich Bahn brach. Und zwar just in einem Augenblick, in dem mich eigentlich nur mein Leiden an der Theologie und mein Zorn über die Kirche meiner Zeit umzutreiben schien. Ich deute dies als psychohygienischen, seelenreinigenden Wink der göttlichen Vorsehung.

Dass das Schreiben dieses Büchleins zu meiner Seelenreinigung beitrug, verdankt sich auch der Tatsache, dass ich hartnäckig – oder besser gesagt mit Leichtigkeit – der Versuchung widerstand, auch nur die geringste Beihilfe zum moralischen Erstickungstod der Kunst zu leisten, dem man in zahlreichen programmatisch politischen Ausstellungen der jüngeren Gegenwart beiwohnen kann.[1] Weit mehr als diese Kannibalisierung der Kunst durch einen kunstzerstörerischen moralinsauren Kunstdiskurs fasziniert mich von je her die Suche nach den metaphysischen Spuren in grossen Kunstwerken, die sie aus der Zeit fallen lassen – und zwar nicht in die Ewiggestrigkeit, sondern in die Ewigkeit hinein.

Der Modedesigner Paul Smith wurde einmal gefragt: «Which work of art would you like to see again for the first time?» Seine Antwort: «Anything by Alberto Giacometti. I hate choosing favorites, but he's certainly hard to beat.»[2]

Beim Schreiben dieses Buchs habe ich mich nach Kräften bemüht, Alberto Giacomettis Kunst so zu sehen, als hätte ich sie nie zuvor gesehen. Höchstwahrscheinlich ist mir das nicht gelungen. Es gibt kein Zurück hinter das erste Mal. Jedes Schreiben über etwas kommt immer zu spät. Was nicht heisst, dass es vergeblich ist.

Ich hoffe, dass das, was ich geschrieben habe, Alberto Giacomettis Kunst gerecht wird. Aber das können nur die entscheiden, die es lesen. Das Buch gehört ihnen. So, wie das Werk von Alberto Giacometti jenen gehört, aus deren Leben es nicht mehr wegzudenken ist und deren Sicht der Dinge, Menschen und Götter es für immer verändert hat. Und natürlich gehört dieses Buch auch denjenigen, die wissen, dass es ihnen gehört, weil ich es ihnen verdanke.

Was den Dank anbelangt, so gilt er in besonderer Weise Signora Paola Salvioni Martini für ihre Grosszügigkeit im Blick auf den Abdruck ihrer wunderbaren Fotos von Alberto Giacometti, die sie im Jahr 1963 in Giacomettis Bergeller Heimat gemacht hat. Auch Herrn Marco Giacometti vom Centro Giacometti in Stampa danke ich von Herzen für seine entgegenkommende Unterstützung.

Ralf Frisch, am Aschermittwoch 2026

Er sitzt in seiner Höhle in der Rue Hippolyte-Maindron 46 in Paris. Im Dunkel des Ateliers gleicht die graue Gestalt des Bildhauers seinen Skulpturen. Wie er selbst sind sie heruntergekommen und abgerissen. Clochards. Sie sehen aus, als könnten sie jeden Augenblick zerfallen und zu dem werden, was jedes Geschöpf ist: lebender Staub. *Vivantes cendres.*[3] Aber sie zerfallen nicht. Zumindest die, die der Künstler nicht zerstört hat. Auf Messers Schneide zwischen Sein und Nichts entfalten sie ihren Glanz. In der Grauzone zwischen Auftauchen und Verschwinden offenbaren sie die Wahrheit, um die es Alberto Giacometti zeitlebens ging.

«A demain!», waren seine letzten Worte, ehe er am 11. Januar 1966 im Kantonsspital Chur starb. «Bis morgen!» Das war nicht einfach ein Abschiedsgruss. Es war die Verheissung, dass am kommenden Tag endgültig der Anfang gemacht werden und das Wunder geschehen könnte. «Er hatte immer empfunden», schreibt Alberto Giacomettis Biograf James Lord, «dass das Morgen ein unendliches Versprechen für ihn barg.»[4] Das Versprechen, endlich «einen Kopf in etwa so zu machen, wie ich ihn sehe»[5]. Das Versprechen, dass es bald beginnen würde. «Pendant vingt ans, j'ai eu l'impression que la semaine suivante je serais capable de faire ce que je voulais faire.»[6] Und doch wusste Alberto Giacometti, dass es «unmöglich»[7] war. Er wusste es. Aber «Alberto was tough-minded enough to keep to the martyr's path, accepting defeat after defeat.»[8]

So wurde der Versuch, der Erscheinung der Wirklichkeit in der Kunst Herr zu werden, zum Stein, den dieser Sisyphos bis zur totalen Erschöpfung den Berg seines Künstlerlebens hinaufrollte. Er verfolgte nur ein Ziel. Immer wieder. «Mit allem nochmal bei Null anfangen, so wie ich Menschen und Dinge sehe.» Und er sagte: «Ich verstehe weder das Leben noch den Tod, ich verstehe gar nichts mehr.»[9] Je länger, je mehr fühlte er sich am Nullpunkt aller Dinge, am Nullpunkt aller Kunst und am Nullpunkt allen Verstehens. Aber der Nullpunkt, das war der Anfang. Denn aus dem Nichts heraus liess er eine Welt erstehen. Eine nie gesehene, zutiefst rätselhafte, unfassbar gegenwärtige Welt.

Alberto Giacomettis Zeichnungen, seine Gemälde und seine Skulpturen sind von unbesiegbarer Präsenz. Sie herrschen über das 20. Jahrhundert und weit darüber hinaus. Zugleich reichen sie tief hinab in den Brunnen der Vergangenheit, aus deren Ursprüngen und versunkenen Reichen sie entstiegen scheinen. So uralt und schrundig, als hätte sie jemand aus Gletscherspalten und Pharaonengräbern zu Tage gefördert.

Der Höhlenmensch der Rue Hippolyte-Maindron erweckte in seiner Zeit den Eindruck, keiner Zeit anzugehören, jedenfalls nicht der seinigen. «Man braucht», notiert Jean-Paul Sartre über ihn, «nicht lange Giacomettis vorsintflutliches Gesicht zu betrachten, um seinen Stolz und seinen Willen zu ahnen», nicht nur am Nullpunkt, sondern zugleich «am Anbeginn der Welt zu stehen.»[10]

Als ihn der Tod zu zeichnen begann, begann Alberto Giacometti von Jahr zu Jahr mehr seinen Skulpturen zu gleichen, deren Grösse mit der Aufzehrung ihrer materiellen Substanz wuchs und in denen Giacometti gewissermassen verschwand, als er die Welt verliess.

Es ist sicherlich nicht verfehlt, vom Opfer eines Künstlers zu sprechen, der sich von Kraftvergeudung ernährte und dessen eigene organische Substanz geradezu zum Brennstoff seiner Kunst wurde. Der Täufer Johannes sagte über Christus: «Jener muss grösser werden, ich aber geringer.»[11] Ähnlich sagte es Jean Genet über seinen Freund und Gesprächspartner Alberto Giacometti: «In diesem Atelier stirbt langsam ein Mensch, verbraucht sich und verwandelt sich vor unseren Augen in Göttinnen.»[12]

Im Januar 1966 reiste der französische Literaturkritiker Gaëtan Picon zu Giacomettis Beerdigung nach Stampa. Dort, auf dem Boden des Val Bregaglia und zu Füssen von dessen granitenen Wächtern, erblickte Alberto Giacometti am 10. Oktober 1901 das Licht der Welt. Und dort, auf dem kleinen Friedhof von Borgonovo, liegt er wie die Seinen auch begraben. Picon sah den Toten, trug seinen Sarg und wunderte sich wie viele andere, dass der, der stets eine Krawatte trug, ohne Krawatte ins Totenreich eingehen sollte.[13]

> *An einem Ende des Sargs war eine kleine Klappe angebracht, die geöffnet das Gesicht erkennen liess. Unter dem Glas schien es mir – geschrumpfter Kopf, wirklich wächsern, unter den buschigen grauen Haaren – das des mythischen Vorfahren jener Menschen zu sein, den wir geliebt hatten, oder vielleicht sogar das eines Unbekannten, der schon seit tausenden von Jahren tot war, ein Azteke, ein mumifizierter Ägypter in seinem Sarkophag, der mit all dem nichts zu tun hat.*[14]

Alberto Giacometti, sein eigener Ahne und der Ahne aller Kunst. Alberto Giacometti, der aus der Ferne einer grauen Vorzeit heraufkam, um Kunst zu schaffen, die an den Anfang aller Kunst zurückkehrte, ehe er am Ende wieder hinabstieg ins Totenreich aller Dinge. Ins Totenreich, aus dem alles zu stammen schien, was Alberto Giacometti zu Tage förderte. Vielleicht sollte man ihn, der die Kunstwerke der Ägypter so liebte, Osiris nennen. Osiris, den Herrn des Totenreichs. Osiris Giacometti, dessen Kunst «nicht für die heranwachsenden Generationen bestimmt», sondern «dem unzählbaren

Volk der Toten dargeboten» ist. Denn, so Jean Genet, «wo sind diese Gestalten Giacomettis [...], wenn nicht im Tod?»[15] Der britische Kunstkritiker David Sylvester schreibt:

> *Giacomettis standing figures suggest objects long buried underground and now unearthed to stand out in the light [...] [T]hey are like the dead, their heads indrawn and dry as skulls, limbs bound as though bandaged for the grave.*[16]

Zu Genet sagte Giacometti, er habe einmal die Idee gehabt, eine Statue zu modellieren und sie zu begraben. «Sie begraben», fragte Genet, «hiess das, sie den Toten schenken?»[17] Vielleicht heisst es das. Vielleicht heisst es aber auch das Gegenteil. Nämlich sie ihrer Auferstehung näherbringen. Sie einem ganz anderen Schöpfer anvertrauen, der das vermag, was kein Künstler der Welt vermag: die Toten aus ihren Gräbern zu befreien, sie ins Licht des Lebens zu tauchen und sie dem Himmel wiederzugeben. Jean-Paul Sartre schrieb angesichts von Giacomettis Skulpturen:

> *Auf den ersten Blick glauben wir, es mit den ausgemergelten Märtyrern von Buchenwald zu tun zu haben. Doch im nächsten Augenblick ändern wir unsere Meinung: diese zarten, gelösten Gestalten steigen gen Himmel, in jeder von ihnen erleben wir eine Himmelfahrt, eine Entrückung.*[18]

Im übernächsten Augenblick allerdings zeigt es sich, dass das Osterwunder und die Himmelfahrt noch nicht geschehen sind. Und so gleichen Alberto Giacomettis Gestalten nicht nur Gestalten aus dem Totenreich, sondern auch Gestalten eines Zwischenreichs. Sie sind aus der Zeit und aus der Welt gefallene Untote. Andersweltliche Wesen, die nicht von dieser Welt, aber auch noch nicht in jene Welt heimgekehrt sind. Wiedergänger von Kafkas Jäger Gracchus, der zu den Lebenden sagt:

> *Mein Todeskahn verfehlte die Fahrt, eine falsche Drehung des Steuers, ein Augenblick der Unaufmerksamkeit des Führers, eine Ablenkung durch meine wunderschöne Heimat, ich weiss nicht, was es war, nur das weiss ich, dass ich auf der Erde blieb und dass mein Kahn seither die irdischen Gewässer befährt. So reise ich, der nur in seinen Bergen leben wollte, nach meinem Tode durch alle Länder der Erde.*[19]

Wer einer von Giacomettis letzten Skulpturen gegenübertritt, ist unweigerlich erschüttert von deren ungeheurem spezifischen Gewicht. «They seem», notiert David Sylvester, «denser than the substance of reality. Matter does not need to occupy the space it occupies in nature because here it is more concentrated than in nature.»[20] Aber je komprimierter diese Skulpturen sind, desto überwältigender ist ihre Anziehungskraft und desto unwiderstehlicher der Eindruck, den sie hinterlassen. Er gleicht dem heiligen Schrecken angesichts einer Epiphanie, die in die Knie zwingt.

Mercedes Matter, die Frau des Fotografen, der die schönsten Fotografien gemacht hat, die Giacometti zufolge je von seinen Arbeiten gemacht wurden,[21] erklärte die Wirkung von Giacomettis Köpfen umstandslos zur Magie.

> *Dieser Kopf von Diego ist nicht bloss ein Kunstwerk. Ihm haftet etwas Magisches an, dem ich in dieser Weise noch nie begegnet bin. Es ist wie eine unheimliche Gegenwart. Als dieser Kopf [...] in unser Haus kam, wirkte er seltsam beunruhigend, als wäre hier buchstäblich eine Person hinzugekommen [...] Manchmal unterbrachen wir verlegen unser Gespräch. Er konnte hören. Es dauerte ein Jahr, bis wir uns daran gewöhnt hatten. Doch heute noch meinen wir manchmal diesen Kopf neu zu sehen, und der Schock bleibt nie aus.*[22]

Was sind diese Skulpturen? Es sind Gegenwarten. Gegenwarten, deren Wesen ihr Dasein ist. Kein moderner Künstler hat dieses schiere Dasein und dessen Rätselhaftigkeit derart überwältigend zur Darstellung gebracht wie Alberto Giacometti. Seine uralten, unheimlich gegenwärtigen Gestalten scheinen zu sagen, was der Gott allen Seins aus dem brennenden Dornbusch heraus zu Moses sagt: «Ich werde sein, der ich sein werde.»[23] Und «wenn ich nur bin, was ich bin, bin ich unzerstörbar»[24]. Diese Worte legte Jean Genet Alberto Giacomettis Geschöpfen in den Mund. Geschöpfen, die unfassbar und unerreichbar einsam, aber in dieser unschätzbar wertvollen Einsamkeit unfassbar und unerreichbar erhaben sind. Gleichnisse einer absoluten, nur sich selbst und vielleicht nicht einmal sich selbst zugänglichen Individualität und Singularität.

Angesichts der Büsten seines Bruders Diego oder seines letzten Modells, des Kameramanns und Fotografen Eli Lotar, verflüchtigt sich jeder Zweifel, dass Alberto Giacometti nicht gelungen sein könnte, worum es ihm am Nullpunkt der Kunst Tag für Tag ging: die Erscheinung des Absoluten in seiner Kunst zur Erscheinung zu bringen. Dieses Absolute, das war für Giacometti die rätselhafte Realität jedes Menschen, der ihm als Anderer gegenübertrat. Die Darstellung dieses Anderen wurde ihm zur Lebensaufgabe. Und weil er diese Lebensaufgabe für unlösbar hielt, hielt er sich für gescheitert.

Der japanische Philosophieprofessor Isaku Yanaihara sass Giacometti in den 1950er-Jahren exzessiv Modell. Yanaihara sagte zuweilen im Scherz, er sei Giacomettis Gefangener, woraufhin Giacometti beteuerte, es verhalte sich umgekehrt. Aus der Verbindung des Philosophen und des Künstlers entstanden unzählige Porträts und Skulpturen. Selten hatte Giacometti, der Gefangene der Kunst, mehr mit einem Gesicht zu kämpfen als mit dem Gesicht des Japaners.

Yanaihara erzählt in seinem Tagebuch, dass Alberto Giacometti eines Tages seltsame Laute ausgestossen habe.

Es waren Ausrufe des Entzückens. Giacometti sagte: «Es läuft gut, zum ersten Mal läuft es richtig gut.» Und dann, überrascht von den eigenen Worten: «Ich habe noch nie gesagt, dass etwas gut läuft, vielleicht ist das ein schlechtes Omen.»[25] Und weil ihm nichts gut genug war, machte er oft genug alles zunichte, gepeinigt vom erbarmungslosen Blick auf das eigene Werk.

Was wäre geschehen, wenn Alberto Giacometti nicht einfach das Gefühl gehabt hätte, die Arbeit an einer Skulptur oder an einem Gemälde irgendwann abbrechen zu müssen, weil jeder weitere Handgriff alles Erreichte zerstört hätte, weil es einfach nicht mehr weiterzugehen schien und weil der Wirklichkeit nichts abzutrotzen war? Und was wäre geschehen, wenn ihn der Eindruck überwältigt hätte, das Problem der Darstellung gelöst zu haben und der Wirklichkeit des Gegenübers tatsächlich Herr geworden zu sein? Was wäre geschehen, wenn er sich von der Zuversicht des Glückens oder gar von der Gewissheit des Geglücktseins hätte überwältigen lassen?

Er hätte wahrscheinlich seinem Gefühl und seinen Augen nicht getraut. Er hätte dieses Gefühl verscheucht, darüber gelacht und abgewinkt mit der Hand, in der er die unvermeidliche Zigarette hielt, während er mit der anderen Hand sein Material weiterbearbeitete, um des Gegenübers habhaft zu werden, das in nächster Nähe vor ihm sass und doch äonenweit entfernt war. Er hätte es nicht wahrhaben wollen und nicht wahrhaben können, dass ihm die Wahrheit wahrhaftig ins Netz gegangen wäre, dass sein Stein ihm keinen Widerstand mehr leistete oder in die Gegenstandslosigkeit zerfallen wäre. Er hätte es nicht akzeptieren können, dass er mit einem Mal frei geworden wäre. Denn Freiheit hiess für Alberto Giacometti, an seine Bestimmung und an seine Höhle gekettet zu sein, und es hiess eben gerade nicht, die Aufgabe seines Lebens endlich für gemeistert und für vollbracht zu halten. Was hätte er auch anderes tun sollen mit diesem Leben, als es der Kunst zu opfern und sich so zu unterscheiden von der Natur, zu der er eines Tages zurückkehren würde.

«Ich gehe ans Fenster», schrieb er einmal, «ich schaue hinaus in die Nacht, schwarze Berge, sternenglänzender Himmel, rauschendes Wasser. Oh ja, auch die Menschen leben weiter, wie die Blumen, nie ganz gleich, doch sie malen Bilder, und das ändert alles.»[26]

Wir müsssen uns diesen unwirschen und zerzausten Sisyphos also nicht nur als unglücklichen, sondern auch als glücklichen Menschen vorstellen. Denn er war eins mit seiner Bestimmung, jahrzehntelang in seiner Pariser Höhle zu sitzen, in der Schicksalsstadt Zeit und Raum zu vergessen und den Stein des Seins mit seinen Händen zu höhlen. Stetig und unstet zugleich. *Paris sans fin.*[27]

In gewisser Hinsicht gleicht der zur Kunst verurteilte Alberto Giacometti dem Mann aus Franz Kafkas Parabel,

der vor der Tür zum Gesetz sitzt und um Einlass bittet. Dieser Einlass wird ihm nicht gewährt. Und so kauert er Tage und Jahre und nährt sich im Dunkel von dem Glanz, der unverlöschlich aus der Türe des Gesetzes bricht. Es ist das Schicksal des Mannes vor dem Gesetz, vor dem Gesetz zu sterben, ohne den Versuch zu unternehmen, einfach am Türhüter vorbei durch die Tür zum Gesetz hindurch ins Innerste hineinzugehen. Es ist das Schicksal des Künstlers Sisyphos, nicht einfach in den Tag oder in die Nacht hinausgehen und sein Werk für vollendet halten zu können.

In Kafkas Erzählung rafft sich der sterbende Mann vor dem Gesetz, der seinen erstarrenden Körper nicht mehr aufrichten kann, zu einer allerletzten Frage auf.

> *«Alle streben doch nach dem Gesetz», sagt er, «wieso kommt es, dass in den vielen Jahren niemand ausser mir Einlass verlangt hat?» Der Türhüter erkennt, dass der Mann schon an seinem Ende ist, und, um sein vergehendes Gehör noch zu erreichen, brüllt er ihn an: «Hier konnte niemand sonst Einlass erhalten, denn dieser Eingang war nur für dich bestimmt. Ich gehe jetzt und schliesse ihn.»*[28]

Würde sich der Türhüter dem sterbenden Alberto Giacometti zukehren, dann hätte er gewiss Worte auch für ihn. Vielleicht die folgenden: «Es war dein Stein, Alberto Giacometti. Kein anderer als du hätte sich eine Aufgabe gestellt, deren Lösung darin besteht, sie für unlösbar zu erklären. Aber anders hättest du sie nicht lösen können. Wenn du zu rasch und zu früh durch die Tür hindurchgegangen wärst, hätte dich der Glanz im Inneren verzehrt wie die Sonne den hochfliegenden Ikarus. Wenn du dich mit dem zufriedengegeben hättest, was dir als Vierzehnjährigem schon gegeben war, nämlich mit Leichtigkeit grossartige naturgetreue Kunst hervorzubringen, dann wäre die Erschaffung von Nichtssagendem dein Schicksal gewesen. Du wärst dem Vergessenwerden anheimgefallen, weil du es dir zu einfach gemacht hättest. Nur, weil du das Malen und die Bildhauerei durch welchen Kuss welcher dämonischen Muse auch immer verlernt und den schmalen und steinigen Weg gewählt hast, vor deinem Gesetz sitzenzubleiben dein Leben lang, konnte dich das Licht der Morgenröte bescheinen, die auf deinem Werk ruhen wird in Ewigkeit. Wärst du hineingegangen durch die Tür und hättest du den breiten Weg gewählt, der vor Augen lag, wärest du versengt worden und im Dunkel der Geschichte verschwunden. Nur, weil du wie der Erzvater Jakob am Fluss Jabbok den Kampf mit dem Engel der Wirklichkeit aufgenommen hast, konntest du siegen, wenn auch hinkend.»

Natürlich ist dieser Engel ein Dämon. Er ist der Dämon der Wirklichkeit und der Dämon der Kunst. Rainer Maria Rilke wusste um diesen Dämon, als er sagte: «Ein jeder Engel ist schrecklich.»[29] Und auch Jean Genet spürte die Gegenwart dieses Schreckens. Er spürte, dass Giacometti mit dem Grauen kämpfte. Nicht von ungefähr rief er aus: «Was hat Giacometti wohl besiegen müssen! Und wie bedrohlich muss es gewesen sein!»[30]

André Breton schrieb 1934: «Was ist Surrealismus? Es ist, unter anderem, Alberto Giacomettis Kampf mit dem Engel des Unsichtbaren, der sich mit ihm in den blühenden Apfelbäumen verabredet hat.»[31] Wenn das stimmt, dann blieb Alberto Giacometti auch dann noch Surrealist, als er dem Surrealismus den Rücken gekehrt hatte. Wenn Surrealismus ein Kampf mit der Wirklichkeit hinter der Wirklichkeit ist, dann ist Surrealismus Metaphysik. Und dann war Alberto Giacomettis Kampf ein metaphysischer Kampf. Ein Kampf mit den Göttern und Dämonen der Wirklichkeit und der Kunst. Ein Kampf, in dem es nicht um Leben und Tod, sondern um mehr ging.

Am Abend seines 37. Geburtstags wurde Giacometti auf der Rue Rivoli in Paris von einem Auto angefahren. Sein rechter Mittelfuss war an zwei Stellen gebrochen, heilte aber vollständig. Dennoch behielt Alberto die Gewohnheit des Hinkens bei. Er ging an Krücken und am Stock und schien es zu geniessen. «He happily and repeatedly», berichtet James Lord, «told his friends that being lame was the best thing that could have happened to him as an artist.»[32]

Giacomettis Art und Weise, als Künstler durch sein Leben zu gehen, hatte sich durch den nächtlichen Unfall für immer verändert. Erst dem Hinkenden, dessen gebrochene Knochen längst wieder zusammengewachsen waren, wurde die entscheidende künstlerische Durchbruchserfahrung zuteil. Erst der Hinkende liess den Surrealismus und jegliche von ihm fortan als belanglos erachtete Konzeptkunst der willkürlichen Erfindung und Konstruktion von Wirklichkeit hinter sich, um zu finden, was er zuvor nie gesucht hatte: die Wahrheit. Ihr näherte er sich hinkend, also durch Verlangsamung der schöpferischen Geschwindigkeit, durch bewussten Verzicht auf Virtuosität und durch unbeirrbaren Zweifel. Man könnte es auch theologisch sagen. Seine versehrte Kunst widerstand der Versuchung, glänzende *ars gloriae* zu sein. Sie wurde zur *ars crucis*.

Die Reformatoren des sechzehnten Jahrhunderts gelangten zur Einsicht, Gott nicht im Olymp überweltlicher Herrlichkeit und in einer triumphal jenseitigen Sprache, sondern nur stammelnd, klagend, tastend und im dunklen und zerstörten Bild des gekreuzigten Christus finden zu können. Alberto Giacometti, der Reformator der Kunst, ist gewissermassen ihr Seelenverwandter. Er stellte sich unter das Kreuz der Kunst, nahm sein Kreuz auf sich und wurde seinen eigenen Worten zufolge zu einem Blinden, der in der Nacht die Hand nach einer unfassbaren Wirklichkeit ausstreckt, um sie einzufangen oder von ihr ergriffen zu werden. Er stieg hinab in die Höhle des Grabs, um durch den Tod der ungebrochenen Darstellung des Daseins hindurch das Leben zu finden. Das Leben der Kunst.

Die Vision, die der blinde Seher in dieser Grabeshöhle hatte, führt ein Text des Jahres 1952 vor Augen. «Oh», heisst es dort, «ich sehe ein wunderbares, glänzendes Bild, doch ist es nicht von mir, es ist von niemandem. Die Plastiken sehe ich nicht, ich sehe nur das Schwarze.»[33] Den Tod, in dem sich womöglich der Ursprung des Lebens verbirgt. Den Ursprung, der sich in Giacomettis Skulpturen tief unter die Oberfläche des Seins hinunter zurückgezogen hat. In die Wunde, die jeder Mensch ist. In die Wunde, in der der König sitzt. Die Königin. Jean Genet war davon überzeugt, dass Giacomettis Gestalten diese «Königswürde»[34] offenbaren und behüten. Die Königswürde allen Seins.

Vielleicht also sah Alberto Giacometti, als ihm das Licht dieser Schwärze aufging, in der Schwärze auch die Erlösung. Die Erlösung des Künstlers durch ein Bild, das Niemandes Bild ist. Und ein Bild, das Niemandes Bild ist, ist ein *acheiropoietos*. Etwas nicht von Hand Gemachtes, eine vom göttlichen Schöpfer aller Dinge geschaffene Ikone. Eine Ikone, die kein Bild, sondern eine Offenbarung, also Gott selbst ist.

Ist es das Ende der Kunst, das Giacometti in diesem Text über das Schwarze imaginiert und das Kasimir Malewitsch schon im Jahr 1915 besiegelt glaubte – bezeichnenderweise mit einem schwarzen Bild, genauer gesagt mit einem schwarzen Quadrat? Wie auch immer: Giacomettis Wahrheitsfindung wurde zum Kreuzweg, buchstäblich zur Passion. Sie hatte den Tod des vertrauten Körpers der Skulptur zur Folge.

Die Passion des Hinkenden für die wirkliche Wirklichkeit begann mit einem grandiosen oder vielmehr mit einem vernichtenden Scheitern. Denn alle Skulpturen, die Alberto Giacometti während des Zweiten Weltkriegs in Genf schuf, wohin er aus Paris zu seiner Mutter Annetta geflüchtet war, passten in eine Streichholzschachtel. Jeder Versuch, etwas wirklich nach der Natur beziehungsweise nach der Erscheinung zu erschaffen, die ihm die Dinge und Menschen boten, vernichtete die Substanz seines Materials. Die Figuren zerfielen förmlich unter Giacomettis Händen, während der Schutthaufen in der Atelierecke ins Unendliche wuchs. Offenbar waren diese Geschöpfe nur dazu geschaffen, einige Stunden lang zu existieren und dann zu verschwinden – «wie eine Morgendämmerung, wie eine Traurigkeit, wie eine Eintagsfliege. Wie Flugsand.»[35] Als hätte der Schöpfer sein schaffendes Geschöpf mit einem Bann belegt. Alberto Giacomettis Atelier ähnelte vielleicht deshalb der Welt vor der Schöpfung, wie sie der erste Satz der Bibel beschreibt: «Die Erde war wüst und öde, und Finsternis lag auf der Urflut.»[36]

Für Sartre bestand die Grösse von Giacomettis Figuren gerade in ihrer ephemeren Existenz. Diese Grösse konnte dem existenzialistischen Philosophen nicht verborgen bleiben, weil sie ihn unweigerlich an das Sein des Menschen angesichts des Nichts erinnerte. An jene kosmische Eintagsfliege, deren Dasein einen Wimpernschlag währt, ehe es erlischt und ins Nichts der Allnacht zurücksinkt. Weil Giacomettis winzige Geschöpfe «dazu bestimmt waren, in der Nacht zugrunde zu gehen, in der sie geboren wurden», so Jean-Paul Sartre, «sind diese Figuren die einzigen unter allen Skulpturen, die ich kenne, die die ungeheure Anmut bewahren, vergänglich zu sein. Noch nie war die Materie weniger ewig, noch nie zerbrechlicher und näher am Menschsein.»[37]

Auf nie zuvor gekannte Weise sah sich Giacometti während des Zweiten Weltkriegs also mit dem Verschwinden allen Seins konfrontiert. Er beteuerte, nichts dafür zu können, dass seine Skulpturen immer kleiner wurden und sich ins Nichts aufzulösen drohten. Und vielleicht vollzog er tatsächlich nur das unweigerliche Schicksal jedes Menschen, der ein Bild des Absoluten, sei es der lebendigen Gottheit oder des lebendigen Geschöpfs, zu erschaffen sucht. Wer es unternimmt, hascht nach Wind und steht am Ende mit leeren Händen da. Das Geheimnis der Wirklichkeit, das «auf allem, in allem»[38] ruht, entzieht sich jedem Versuch der Verdinglichung und der Fixierung. Es gibt kein Tabernakel, in das man es hineinzwingen könnte, wenn es sich nicht selbst dort niederlässt.

Die Vereinigung des Künstlers mit der letzten Wirklichkeit kann also ebenso wenig stattfinden wie die Vereinigung der Theologie mit dem lebendigen Gott. Es kommt nicht zur *consummation*, also zum Vollzug. Es kommt allenfalls zur *consumption*, also zur Aufzehrung. Die Wirklichkeit zur Erscheinung bringen zu wollen ist für Künstlerinnen und Künstler ebenso eine Sisyphosaufgabe, wie es für Theologinnen und Theologen eine Sisyphosaufgabe ist, Gott zur Erscheinung bringen zu wollen. Jedenfalls für Theologinnen und Theologen, die ihrem Namen Ehre zu machen suchen und wirklich mit Gott ringen.

Einer dieser Theologen war Alberto Giacomettis fünfzehn Jahre älterer Landsmann Karl Barth. Barth schrieb: «Die Aufgabe der Theologie ist das Wort Gottes.»[39] Theologen und Theologinnen sollen von Gott reden. Wovon sonst. Doch Barth machte sich keine Illusionen. Weil Theologen Menschen sind, können sie über das erlösende Wort Gottes nicht verfügen. Sie können das Wort Gottes, das allein Gott selber sprechen kann, nicht sprechen. Das, so Barth, «bedeutet die sichere *Niederlage aller* Theologie und *aller* Theologen.»[40] Aber Karl Barth wusste auch: «Die Theologie aufgeben hat so wenig Sinn wie sich das Leben zu nehmen; es wird nichts, gar nichts anders dadurch.»[41] Wer eine wirklich theologische Existenz führt, kann nicht aufhören, von Gott zu reden, von dem kein Mensch reden kann. Theologie gleicht einer Anleitung zum Unglücklichsein. Denn ihre Sehnsucht ist unerfüllbar. Sie wirft den Menschen auf sich selbst zurück und verurteilt ihn zur Einsamkeit eines Selbstgesprächs.

Beide, Barth wie Giacometti, laborierten also auf ihre Weise an derselben Frustration. Egal, wie man es macht, und egal, wie virtuos man es macht: Am Ende ist alles, zumal im Anthropozän, Menschenwerk. Vergebliche Liebesmüh, die immer nur der Abwesenheit des Geliebten ins Auge blicken und immer nur dessen unendliche Ferne konstatieren kann. Die Epiphanie des ewigen Gottes bleibt aus. Ewig scheint nur der unendliche Unterschied. Die Differenz. Die Unerfüllbarkeit. Der Aufschub. Bis morgen. Bis übermorgen. Bis zum Sankt-Nimmerleins-Tag.

Im Jahr 1922 brachte Karl Barth die vielleicht berühmtesten theologischen Sätze des 20. Jahrhunderts zu Papier. Er schrieb: «*Wir sollen als Theologen von Gott reden. Wir sind aber Menschen und können als solche nicht von Gott reden. Wir sollen beides*, unser Sollen und unser Nicht-Können, *wissen und eben damit Gott die Ehre geben.* Das ist unsre Bedrängnis. Alles Andre ist daneben Kinderspiel.»[42] Wäre Alberto Giacometti Theologe gewesen, wären dies seine Sätze gewesen.

Kinderspiele waren weder die Sache des Theologen Karl Barth noch des Künstlers Alberto Giacometti. Die Spiele, die sie spielten, waren ernste Spiele. Beiden ging es um die Wahrheit. Um nichts als die Wahrheit. Beide verzichteten um der Sache der Kunst und um der Sache der Theologie willen auf illusionistisches Virtuosentum. Mit der optischen Täuschung der Eingängigkeit des ersten Blicks und mit der gedanklichen Suggestion metaphysischer Evidenz hatten sie nichts im Sinn. Auch nicht mit den Kinderspielen der dekorativen Belanglosigkeit oder der rhetorischen Spiegelfechterei. Sie wussten, dass die, die den Göttern dienen und die den Göttern versprochen sind, zu Grösserem und zu Unmöglicherem berufen sind.

Für den Theologen war dieses Unmögliche die Realpräsenz der lebendigen Gegenwart Gottes in den Worten der Theologie. Für den Künstler Alberto Giacometti war dieses Unmögliche die Transzendierung der Stofflichkeit und die Transsubstantiation der Materie.

Hätte Alberto Giacometti am Marburger Religionsgespräch von 1529 teilgenommen, bei dem die Wittenberger und die Schweizer Reformatoren erbittert über die Gegenwart Christi im Abendmahl stritten, hätte er vielleicht wie Martin Luther, wenn auch womöglich weniger brachial als vielmehr verzweifelt und in der Seele verwundet, mit Kreide auf die Tischplatte geschrieben: «EST! Das IST mein Leib.» Zugleich wäre seine ikonoklastische Schweizer Seele skeptisch geblieben. Er wusste: Dieses EST *est impossibile*. Kein Künstler und keine Künstlerin, allein Gott selbst kann die Realpräsenz des lebendigen Seins zum Leben erwecken.

Und so kam Giacometti immer wieder zum Schluss, dass es «unmöglich»[43] ist. Es ist unmöglich, der Aufgabe gerecht zu werden, das Absolute darzustellen. Aber weil gerade darin die Aufgabe der Kunst besteht, ist es auch unmöglich, die Aufgabe aufzugeben. Kunst wie Theologie haben sich dem Kampf mit dem Engel zu stellen. Andernfalls sind sie weder Theologie noch Kunst.

Der französische Philosoph Jean-François Lyotard brachte auf den Punkt, was Giacometti in der Höhle seines Pariser Ateliers und Barth an seinem Basler Schreibtisch zur Gewissheit geworden war:

> *Jedes Schreiben, das des Namens würdig ist, nimmt den Kampf mit dem Engel auf und geht, im besten Falle, hinkend daraus hervor. Der Schriftsteller kennt den Hass der Literatur, der Maler den der Malerei. Aber was sich in diesem kundtut, ist die Liebe zu dem, was Literatur und Malerei verbergen, gerade dadurch, dass sie es darstellen und bergen; zu dem, was unablässig dargestellt, und somit unablässig verborgen werden muss.*[44]

Martin Luther kritzelte auf seinem Sterbebett dasselbe mit anderen Worten auf ein Stück Papier: «Wir sind Bettler. *Hoc est verum.*»[45]

Die Fügung des Gottes der Theologie wie der Kunst scheint es allerdings zu wollen, dass gerade diejenigen, die wissen, dass sie angesichts der unverfügbaren und unauslotbaren Fülle des Seins nur mit leeren Händen dastehen können, etwas von dieser Fülle widerspiegeln. Just jene, deren tastendem Schaffen das Wissen um das unausweichliche Misslingen eingeschrieben ist, bringen nicht selten das Grossartigste hervor. Die Gegenwart einer Gegenwelt. Das Gefühl, in der Gegenwart ihrer Werke vom Morgenhauch einer fernen Nähe der Götter angeweht zu werden.

Es gibt also auch Glück im Unglück. Nicht das Glück der Ersatzbefriedigung und des Vorliebnehmens mit weniger als dem ganz Anderen. Sondern das Glück, dass gerade diejenigen Kunstwerke zu Epiphanien werden, deren Schöpferinnen und Schöpfer ein Absolutes über sich erkennen und ihre Hände nach dem Unerreichbaren ausstrecken.

Dem Philosophen Walter Benjamin verdankt sich eine grossartige Sentenz über eine Skulptur des italienischen Bildhauers, Goldschmieds und Architekten Andrea Pisano im Baptisterium San Giovanni, der Taufkirche des Doms von Florenz. Die Skulptur heisst «Spes», trägt also den Namen der Hoffnung, die sie versinnbildlicht. Was Benjamin über die «Spes» notiert, ist ein Gleichnis des Wesens jeder künstlerischen und jeder theologischen Existenz, die sich nach einer Wirklichkeit jenseits der Wirklichkeit ausstreckt. «Sie sitzt», so Walter Benjamin, «und hilflos erhebt sie die Arme nach einer Frucht, die ihr unerreichbar bleibt. Dennoch ist sie geflügelt. Nichts ist wahrer.»[46]

Wenn dies wahr ist, dann ist es vielleicht auch wahr, dass gerade diejenige Kunst und diejenige Theologie als göttlich erscheint, die zwar weiss, dass sie sich selbst nicht transzendieren kann, sich aber dennoch nicht damit abfinden will, dass es kein Absolutes und keinen Gott gibt.

Ganz gewiss gilt das auch für die Musik. Wenn einer das unglückliche Selbstbewusstsein, den untröstlichen Schmerz und die unheilbare Sehnsucht des metaphysisch obdachlosen Daseins hörbar gemacht hat, dann Franz Schubert, der Spielmann vom Himmelpfortgrund in Wien. Schuberts Musik ist erfüllt von einem unendlichen Fehlen und von einer unendlichen Verlorenheit. Und doch sagt diese Musik: «Du sollst ja nicht weinen.» Und indem sie das sagt, rührt sie uns zu Tränen. Wie jede Kunst und wie jede Theologie, die um ein Geheimnis weiss, um das kein Mensch wissen kann.

Zum 100. Todestag Franz Schuberts schrieb Theodor W. Adorno über das Streichquintett C-Dur opus 163 aus Schuberts Todesjahr 1828:

> *Nirgends ist Schubert der Erde ferner, als wo er sie zitiert. In den Bildern des Todes eröffnet sie sich [...] Wir weinen, ohne zu wissen warum; weil wir so noch nicht sind, wie jene Musik es verspricht [...] Wir können sie nicht lesen; aber dem schwindenden, überflutenden Auge hält sie vor die Chiffren der [...] Versöhnung.*[47]

Wenn in Theologie, Philosophie, bildender Kunst und Musik dagegen die Differenz zusammenstürzt und der Sinn für das ganz Andere aus ihnen entweicht, ist alles nichts. Wenn sie weniger verschämt oder weniger untröstlich zu Werke gehen und glanzvoller, anspruchsloser oder abgeklärter in Erscheinung zu treten suchen denn als blinde, tastende, armselige und stotternde Bettler, Clochards und Leiermänner, erreichen sie das genaue Gegenteil von dem, wonach sie trachten. Sie werden glanzlos. Ihr Tagwerk zerfällt zu welken Blättern oder zu Ruinen ihrer Hybris. Es ist Flugsand im Wind, verwehender Raumstaub, Asche des Zeitgeistes und nicht der Rede wert.

Wer als Künstler, als Theologin oder als Philosoph mit dem Kinderspiel einer *l'art pour l'art* vorlieb nimmt, die geläufig und schulterzuckend daherplaudert oder daherillustriert und weder Stein des Anstosses noch Stachel im Fleisch ist, hat letztlich nichts zu sagen. Wer nicht auf den brüllenden Ozean hinaus in See zu stechen wagt, wird in den seichten Gewässern der Banalität umkommen oder ein kleiner Fisch bleiben. Wer nicht wie der alte Mann auf dem Meer einer unmöglichen Möglichkeit nachjagt, wird keine ernsthafte Kunst, keine ernsthafte Philosophie und keine ernsthafte Theologie zu Wege bringen. Wer sich nicht in die Gefahr des gänzlichen Scheiterns begibt, wird sang- und klanglos untergehen.

So jedenfalls sah es Barth. Und so sah es auch Giacometti, der immer mehr dem Bettler ähnelte, mit dem sich auch Luther am Ende identifizierte, und dessen Skulpturen wie er selbst schliesslich dem Fischskelett glichen, das am Ende von Hemingways ungeheurer Erzählung als traurige Trophäe eines anderen Kampfes mit dem Engel unter einer erbarmungslosen Sonne verbleicht.

Mehr als vier Jahrzehnte hauste Giacometti als seltsamer Heiliger der Säulen und Stelen in seiner Höhle. Nicht einsam und menschenlos, aber «apart»[48]. Ausgespart. Eigentümlich. Erratisch. Seine Andersheit machte den Künstler um so sichtbarer und um so präsenter. So, wie die Andersheit seiner Skulpturen diese Skulpturen um so unübersehbarer werden liess. Nach und nach wurden Alberto Giacometti und sein Werk zu einem Gravitationszentrum, das aus dem 14. Arrondissement von Paris nicht wegzudenken war.

Das Höhlengleichnis von Giacomettis Künstlerleben zitiert natürlich auch ein anderes Höhlengleichnis herbei. Wer sich die Fotografien des in seine Arbeit vertieften Künstlers und die im Hintergrund des Ateliers emporragenden Figuren vor Augen führt, hat die flirrenden Schatten vor Augen, die die vom Feuer erleuchteten Gegenstände in Platons Gleichnis an die Höhlenwand werfen. Auf ihre Weise gleichen Giacomettis düstere Gestalten diesen Schatten. Mag sein, dass sie wie im Höhlengleichnis von Platons «Politeia» nur ein schwacher und schemenhafter Abglanz der Wirklichkeit draussen sind. Aber vielleicht kann man in diesem Äon nicht draussen im

Jenseits der Götter, sondern nirgendwo anders sein als im Diesseitsdunkel einer Höhle. Und vielleicht ist der tastende, blinde und zugleich erleuchtete Künstler-Seher in diesem Äon die Sonne, die im Höhlendunkel scheint und dort etwas zu Tage fördert, das kein Mensch je gesehen hat und was in dieser jenseitsvergessenen Welt niemand jemals sehen wird.

Wenn es so wäre, dass kein Weg der Welt aus der Höhle hinaus ins gleissende Tageslicht der Lichtung des Seins führen würde, dann wäre die Wahrheit entweder gar nicht oder just in diesem Zwielicht der Höhle der Rue Hippolyte-Maindron 46 zu finden. Wer in sie hinabsteigt wie ein Archäologe in ägyptische Gräber, wird in der Dunklung, im Tod und im Eigenleben der Kunst auf die einzig wahre Spur eines anderen, unsterblicheren Lebens, vielleicht sogar auf die lebendige Seele der Dinge stossen.

Gelegentlich erzählte Alberto Giacometti, dass die alten Griechen die ersten ägyptischen Skulpturen, die nach Griechenland gebracht wurden, nachts festbanden. Sie glaubten, die Schreitenden könnten womöglich lebendig werden und fortlaufen.[49] Giacomettis Figuren laufen nicht fort. Und doch könnte man auf die Idee kommen, sie festbinden zu wollen, um sie unschädlicher zu machen. Denn sie sind nicht weniger unheimlich als jene ägyptischen Skulpturen, die den alten Griechen nicht geheuer waren.

Unheimlich sind sie, weil es wirkt, als könnten sie sich jeden Moment in Bewegung setzen, und weil sie einem Reich entsprungen zu sein scheinen, das nicht von dieser Welt ist. Unheimlich sind sie, weil man die Anwesenheit dieser Skulpturen spürt, auch wenn man sie nicht sieht. Unheimlich sind sie, weil sie zwar leblos sind, aber durch irgendeine göttliche Magie ja vielleicht doch zum Leben erwachen könnten. Und unheimlich sind sie nicht zuletzt deshalb, weil man in ihrer Gegenwart in der Nähe von Gottheiten zu weilen meint, die Wächter sind wie die rätselhaften Skulpturen der pazifischen Osterinseln. Wächter, deren ungeheure Gegenwart die Autorität und die Macht hat, die Ungeheuer des Daseins zu verscheuchen. Wächter, die stumm das Leben ihrer Besitzer behüten.

Vielleicht also ist die Sehnsucht, das eigene Heim durch einen dieser Hirten bewachen zu lassen, als wäre es ein Heiligtum, theologischer oder vielmehr apotropäischer Natur. «Eine von Ihren Statuen in einem Zimmer, und das Zimmer ist ein Tempel»,[50] sagte Jean Genet zu Alberto Giacometti.

Giacometti wiederum, der gern ein Bild von Henri Matisse besitzen wollte und eines Tages vom Galeristen Ernst Beyeler eines zum Tausch gegen einen Giacometti angeboten bekam, schreckte davor zurück, sich im selben Raum mit einem solchen Meisterwerk zu befinden. Es wäre, sagte er zu Ernst Beyeler, wie wenn einem Gott unentwegt über die Schulter schaut.[51]

Aber wäre nicht gerade das tröstlich und beruhigend? Mag es auch unwahrscheinlich sein, dass ein Giacometti im Haus Diebe fernzuhalten imstande ist – eines scheint dennoch gewiss: dass nämlich die Gegenwart einer dieser andersweltlichen Gottheiten vor den Gefährdungen dieser Welt Schutz zu bieten vermag. Denn Giacomettis Gestalten wirken, als wären sie ein unzerstörbarer Fels in der Brandung. Sie sehen aus, als hätten sich die Wellen des Weltozeans seit Jahrmillionen an ihnen gebrochen, ohne sie brechen und zerstören zu können. Wer, wenn nicht sie, sollte es mit den Geistern dieser Weltzeit und mit den weltvernichtenden Eindringlingen ins Reich des Lebens aufnehmen können?

Der Dichter Jacques Dupin zweifelte allerdings an der Tröstlichkeit der Präsenz dieser Gottheiten. Er beschrieb die auf ewig auf ihren Sockel gepflanzten und in ihrem Felsen verwurzelten Skulpturen Alberto Giacomettis als «souverän gefühllos». Sie «verschmähen uns nicht, nein, sie kennen uns einfach nicht und beherrschen uns.»[52] So heilig sie sind, so apathisch sind sie. Steinerne archaische Gäste aus einer anderen Welt. Verborgen in ihrer Offenbarung, die die Offenbarung eines unlösbaren Rätsels ist. Unbekannte, an unserem Schicksal unbeteiligte, teilnahmslos und gleichgültig aus der grossen Leere eines Nirgendwo über uns ins Nichts hinein hinwegsehende, uns keines Blickes würdigende, augenlose Götter. *Facing infinity*. Passenderweise stand unter diesem Titel eine Giacometti-Ausstellung in der Galerie Hauser & Wirth im Sommer 2022 in Zürich.

Von Adorno stammt der merkwürdige Satz: «Wahr sind nur die Gedanken, die sich selber nicht verstehen.»[53] Dieser Satz wird nachvollziehbarer, wenn man ihn auf die Kunst münzt. Vielleicht ist ja tatsächlich nicht nur jeder grosse Theologe und jede grosse Theologin, sondern auch jeder grosse Künstler und jede grosse Künstlerin ein Medium, durch die etwas oder jemand ganz anderes spricht als sie selbst. Und vielleicht ist es darum gänzlich unsinnig, Künstlerinnen oder Künstler daraufhin zu befragen, was sie mit ihren Kunstwerken sagen wollen. Wenn sie klug sind, antworten sie auf diese Frage nicht. Nicht nur, weil sie keine Kunstwerke hätten erschaffen müssen, wenn sie auch anders hätten sagen können, was sie mit ihrer Kunst sagen wollen. Sondern vor allem, weil sie es selbst nicht wissen können. Wenn sie eine Art Medium sind, dann sind nicht sie es, die die Kunst erschaffen, die sie erschaffen. Es ist vielmehr ein Anderer. Der unbekannte Gott der Kunst, der durch sie und ihre Werke hindurch seine unlesbaren Spuren im Sein hinterlässt.

Man kann also eigentlich kein Buch über die Kunst eines Künstlers schreiben. Es gibt angesichts grosser Kunst schlicht nichts zu sagen, was nicht auch ein ausgestreckter Zeigefinger sagen könnte. Zum Beispiel der berühmteste und längste aller Zeigefinger der Kunstgeschichte. Der

Zeigefinger Johannes des Täufers in Grünewalds Isenheimer Altar. Der Zeigefinger, der auf das Andere der Theologie zeigt. Auf das wahrhaft göttliche Werk. Auf den Gekreuzigten, den keine Theologie der Welt jemals hätte erfinden, erschaffen oder ersehnen können und angesichts dessen jeder Theologie der Atem stocken muss.

Auch jedem Reden über Kunst stockt angesichts der Kunst Alberto Giacomettis der Atem. Ebenso wie Adorno angesichts von Schuberts Musik der Atem stockte. Jeder Versuch, Worte für ein Kunstwerk Alberto Giacomettis zu finden, verblasst in dem Augenblick, in dem man einer seiner Skulpturen gegenübertritt oder eines seiner Porträts betrachtet. Man kann der Kunst mit Worten nicht näherkommen, als sie uns mit ihrer schieren Präsenz nahekommt. Es ist unmöglich. Wer sich der Kunst nähert, um sie zu verstehen, wird sie niemals verstehen. Es gehört zum Wesen der Kunst, sich zu entziehen. Darin liegt ihre Autonomie, ihr Geheimnis und vielleicht sogar ihre Heiligkeit und ihre Göttlichkeit.

Weder der Künstler noch der Deuter ist der Genius der Kunst – auch wenn romantische Genievorstellungen wollen, dass alle Kreativität im geheimnisvollen Charisma der Künstlerin oder des Künstlers ihren Ursprung hat. Und auch wenn die Rezeptionsästhetik darauf beharrt, dass jede Deutung das Kunstwerk miterschafft, also Kunst erst durch ihre Wahrnehmung zur Kunst wird. Aber Kunst ist nicht allein das, was Künstlerinnen und

Künstler unter Kunst verstehen. Und sie ist auch nicht allein das, was ihre Betrachterinnen und Betrachter in ihr sehen. Die Herrin der Kunst ist vielmehr die Kunst selbst. Sie ist die Gebieterin jedes Künstlers und jeder Künstlerin. Und sie ist auch die Gebieterin derjenigen, die über Kunst nachdenken.

Gerade grosse Künstler wissen darum, dass die Kunst nicht der Kampf eines Genies mit der Materie, sondern ein Kampf mit einem ganz anderen Genius ist. Wer um ein Werk ringt, ringt nicht nur mit den eigenen Möglichkeiten, sondern mit einer fremden Gottheit. Wer um ein Werk ringt, kann eigentlich nicht anders, als das zu sagen, was Jakob am Jabbok zu Gott sagt: «Ich lasse dich nicht, es sei denn, du segnest mich.»[54] Ich lasse dich nicht, es sei denn, du segnest mein Werk. Ich lasse dich nicht, es sei denn, du hauchst dem, worum ich mich mühe, deinen Geist ein.

Wenn der Maler Francis Bacon nicht mehr weiterwusste und von der Angst überfallen wurde, mit dem nächsten Pinselstrich alles zu zerstören, warf er mit den Händen Farbe auf die Leinwand. Als hoffte er darauf, dass der Zufall zum Heiligen Geist der Malerei werden könnte, durch den mit einem Mal glückt, was dem Maler verwehrt ist. Wer in diesem Sinne zum Medium eines rätselhaften Es wird, rechnet damit, etwas vollbringen zu können, was nicht in der Macht seines eigenen Vollbringens liegt. Er rechnet damit, dass etwas geschieht, mit dem er nicht rechnen kann: dass eine Macht sich seiner bemächtigt und durch ihn hindurch wirkt. Eine Macht, deren Früchte nicht menschlicher Kreativität entspriessen, sondern aus dem Nichts wachsen.

Dass eine solche Macht in Kunstwerken ihr Unwesen treiben kann, wird vor allem in Giacomettis grafischem Werk sichtbar. Es gibt eine Lithografie aus dem Jahr 1963 von ihm, in deren unheimlicher Ähnlichkeit sich eine noch viel unheimlichere Unähnlichkeit zeigt. Denn in Wahrheit hat Alberto Giacometti in dieser Steinzeichnung nicht sich selbst, sondern den Dämon seiner selbst gezeichnet. Wer auch immer Giacomettis Hand führte, vermochte es, seine Zeichnung zur gespenstischen Erscheinung eines Geists werden zu lassen – vielleicht sogar zur Erscheinung eines Ungeists oder zumindest eines Unbekannten. Vielleicht jenes Unbekannten, der irgendwann in Alberto Giacometti hineinfuhr und von ihm Besitz ergriff wie die Dämonen im Evangelium.

Man könnte den Zeichner Alberto Giacometti einen Exorzisten nennen, weil er einen Dämon ans Licht zerrt. Den Dämon, der sich unter der Oberfläche einer Person eingenistet hat.[55] Den Dämon, der vielleicht gar kein Dämon und keine Bestie, sondern die Seele, das unbekannteste aller Wesen ist.

Dann aber wäre der Künstler jemand, der kraft eines göttlichen Genius vor Augen zu führen vermag, was eigentlich verborgen ist: die Wahrheit eines Menschen nämlich. Die Wahrheit, die eine unheimliche Wahrheit ist, weil man ihr nicht ins Auge sehen kann, ohne zu sterben. Die Wahrheit, angesichts deren man mit dem Jüngsten Gericht über die eigene Person konfrontiert wäre.

«Es scheint», notiert der Kunsthistoriker Michael Lüthy im Blick auf Alberto Giacomettis Porträtzeichnungen des todkranken Henri Matisse, «als sässe im Inneren des Kopfes ein zweiter, kleinerer Kopf, der lauernd durch die Maske des äusseren hindurchblickt» und den Anschein erweckt, als wolle er «sein Gegenüber im nächsten Augenblick anfallen»[56].

Alberto Giacometti hat also gewissermassen das zweite Gesicht, weil er das zweite Gesicht der Menschen sichtbar macht, die er zeichnet. Das andere Gesicht. Den Abgrund dessen, der sich Homo sapiens nennt und von dem doch keine Weisheit der Welt sagen kann, wer er wirklich ist und was die Kräfte der Evolution nach Jahrmilliarden da das Licht der Welt haben erblicken lassen.

Angesichts dieser faszinierenden und fürchterlichen Gesichter des Zeichners Alberto Giacometti stellt sich genau genommen die Frage nach der Ähnlichkeit oder Unähnlichkeit der Gezeichneten nicht. Und zwar deshalb nicht, weil es nicht um Ähnlichkeit geht, sondern darum, der Wahrheit ansichtig zu werden. Ja, diese Zeichnungen sind schön. Wunderschön. Aber sie sind schön im Sinne von Rilkes erster Duineser Elegie, in der es heisst: «Das Schöne ist nichts als des Schrecklichen Anfang, den wir noch grade ertragen, und wir bewundern es so, weil es gelassen verschmäht, uns zu zerstören.»[57] Ein Jahrhundert früher hatte es August von Platen in seinem Gedicht «Tristan» mit anderen Worten gesagt: «Wer die Schönheit angeschaut mit Augen, ist dem Tode schon anheimgegeben.»[58]

In Giacomettis grafischem Werk, aber auch in seiner Malerei erscheint, wie Jacques Dupin bemerkt hat, das Gesicht «als Schauplatz eines gnadenlosen Kampfes»[59]. Es handelt sich nicht einfach um den Kampf zwischen dem Ich, dem Über-Ich und dem Es. Es handelt sich vielmehr um den Kampf zwischen dem Bewusstsein und den Mächten und Gewalten, die von innen und aussen an ihm zerren wie die Dämonen im Evangelium.

Keine Wissenschaft der Welt kann diesen Kampf sichtbar machen. Auch nicht die Psychologie. Sie hat keine Sprache dafür, weil sie immer wieder versucht ist, das Dämonische, das Animistische, das Spiritistische, das Schamanische und das Metaphysische auszuschliessen oder sich damit zu begnügen, es in natur- oder humanwissenschaftliche Phänomene zu übersetzen und so zum Verschwinden zu bringen. Um zur Seismografin der Wirklichkeit zu werden, die im Innersten der Wirklichkeit wirklich am Werk ist, müsste die Wissenschaft zu einer Wissenschaft werden, die keine ist. Zur Theologie.

Zur Literatur. Zur bildenden Kunst. Oder zu etwas ganz Anderem, noch gänzlich Unbekanntem.

Es sind die grossen bildenden Künstler der Moderne, die das Gesicht des Menschen als Kraftfeld und als Katastrophe vor Augen führen und deshalb als äusserste Realisten oder besser gesagt als Realisten des Äussersten und natürlich auch des Innersten gelten können. Es sind Francisco Goya, Francis Bacon, Pablo Picasso, Antonio Saura und Alberto Giacometti. Ihre Grösse liegt darin, dass sie das Unaussprechliche, das in der Zone unterhalb des Menschlichen lauert, seiner Undarstellbarkeit entreissen. Philosophisch gesprochen sind es diese Künstler, die das Subjekt als *subiectum* zur Erscheinung bringen – und zwar im wahrsten Sinne des lateinischen Worts als Unterworfenes. Als Reittier namenloser Mächte und Gewalten.

Schauplatz eines Kampfs sind die Gesichter Alberto Giacomettis aber auch deshalb, weil der Künstler unentwegt um etwas kämpft, was ihm an einem bestimmten Punkt seines Lebens urplötzlich fremd wurde. Giacometti beschrieb sein Bekehrungs- und Initiationserlebnis wie folgt:

> *Ich erinnere mich noch gut daran, es war während einer Wochenschau in einem Kino von Montparnasse; da verstand ich zunächst gar nicht, was ich auf der Leinwand sah; anstatt Persönlichkeiten waren es*

weisse und schwarze Flecken. Ich will damit sagen, dass sie jede Bedeutung verloren hatten. Anstatt den Film, schaute ich mir meine Nachbarn an, die mir ein völlig neues, unbekanntes Schauspiel boten. Das nie Gesehene, das war die Wirklichkeit um mich und nicht das, was auf der Leinwand gezeigt wurde. Als ich auf die Strasse trat, hatte ich das Gefühl, vor etwas Unbekanntem zu stehen, die Wirklichkeit hatte sich vollkommen gewandelt [...], es war etwas nie Gesehenes, Ungeahntes, Wunderbares. Der Boulevard Montparnasse war so schön wie ein Märchen aus Tausendundeiner Nacht, zauberhaft fantastisch![60]

An jenem Abend wurde der Mensch und mit ihm die Wirklichkeit der Aussenwelt für Alberto Giacometti zu einem Rätsel. «Sie ist», so Giacometti, «für mich genauso jungfräulich und unbekannt wie für den Ersten, der sie darzustellen versuchte.»[61]

Alberto Giacomettis Kunst nimmt also ihren Anfang nicht dort, wo er das Malen, das Zeichnen und das Formen verlernt. Sie beginnt in dem Augenblick, in dem er die Welt anders zu sehen beginnt und das Schauen verlernt. Dass diese Kunst zum ästhetischen Ereignis wird, verdankt sich seinerseits einem ästhetischen Ereignis. Einer Epiphanie. Einer Blendung. Einer Zerstörung des Sehvermögens, die Giacometti in Paris die Augen öffnete wie dem Apostel Paulus vor Damaskus.

Man kann es wahrscheinlich nicht lernen, das Sehen zu verlernen und anders zu sehen – allen Achtsamkeitsratgebern zum Trotz. Man kann die Unschuld des Blicks nicht zurückgewinnen. Sie muss einem geschenkt werden. Die Erneuerung der Unschuld des Sehens, durch die alles aufs Neue zu blühen beginnt, muss dem wirklichkeitsernüchterten Menschen gewissermassen aus Versehen und unversehens zufallen. Erst dann, wenn die Muse ihn trunken gemacht hat, kann der zum Anderssehen Erwachte schwindelerregende Feste des Nichtwiedererkennens mit der Welt feiern. Feste, die an den Rand eines Abgrunds führen, weil diese Art von Übersichtigkeit, ja Hellsichtigkeit verrückt macht. Sie verrückt aus der Sphäre des Gewohnten hinein in eine Welt gänzlich neuer Koordinaten und Dimensionen. Sie ist eine Droge, gegen deren Wirkungen und Nebenwirkungen es kein Gegengift gibt und vor der kein Entzug zu retten vermag – es sei denn, man würde sich wie König Ödipus die Augen ausstechen.

Für den Seher Alberto Giacometti werden von jenem Pariser Kinomoment an das Sehen und die Kunst zu grösseren und ungeahnteren Aufbrüchen denn je. «Ich besteige», so Giacometti, «ein Schiff nach unbekannten Ufern, nach nie gesehenen Ländern und begegne unerwarteten Inseln [...] Und es ist ein herrliches Abenteuer»[62], das darin besteht, «in ein und demselben Gesicht jeden Tag wieder etwas Unbekanntes hervortreten zu sehen, das ist grossartiger als alle Reisen um die

Welt»[63]. Denn der Abgrund der Unendlichkeit tut sich schon zwischen zwei Nasenflügeln auf. «Der Abstand von einem Nasenloch zum anderen», so Giacometti, «ist wie eine Sahara; keine Grenze, nichts Fixierbares, alles verflüchtigt sich.»[64]

Weil jedes Antlitz für ihn zu einem Universum wurde, brauchte Alberto Giacometti also die platonische Höhle seines Ateliers nicht zu verlassen, um das All vor sich zu sehen und hellsichtig zu werden. Es genügte ihm, wenn hin und wieder ein paar Menschen ins Netz der Künstlerspinne gingen und dem Abenteurer regungslos Modell sassen. Dem Abenteurer, der kein anderes Verlangen hatte, «als nur immer so weiterzumachen, unermüdlich, ohne Ende»[65]. Dem Abenteurer, dessen «Kampf auf Leben und Tod»[66] mit dem Engel der Wirklichkeit um so schwerer wurde, je unselbstverständlicher und unbekannter ihm jeder erstbeste Baum auf einem Pariser Bürgersteig und jeder noch so vertraute Mensch in seinem engsten Umfeld wurden. «Während ich früher noch Lust hatte, zu reisen», so Alberto Giacometti, «ist mir inzwischen Reisen oder nicht Reisen völlig gleichgültig! Die Neugier auf das Unbekannte lässt immer mehr nach, weil ein Glas auf dem Tisch mich heutzutage viel mehr in Erstaunen versetzt als früher.»[67]

Weil niemand sich hineinversetzen kann in den Blick des Künstlers, dem nichts mehr selbstverständlich und alles Geheimnis ist, könnte man geneigt sein, Alberto

Giacomettis Verfluchungen seines Schaffens, sein frustriertes Herumbrüllen angesichts seiner Unzulänglichkeit für einen Spleen zu halten. Für eine Idiosynkrasie, mit der der moderne Künstler dem Ruf seiner Zunft alle Ehre macht. Doch das wird Giacometti nicht gerecht – ebenso wenig, wie es Karl Barth gerecht wurde, über dessen dialektische Theologie man in den zwanziger Jahren des 20. Jahrhunderts den Kopf schüttelte, weil sie verrückt geworden schien, indem sie unentwegt die Unmöglichkeit der Theologie herausschrie. Barths Zeitgenossen fragten sich und ihn, warum er es sich und ihnen so schwer mache und nicht einfach vom Guten, Wahren und Schönen spreche und das hohe Lied des Humanismus und der Weltweisheit singe, statt ein göttliches Gespenst zu jagen. Genauso gut hätte man von Alberto Giacometti wissen wollen können, warum er derart in die Ungewissheit verliebt war, an jeder Form und an jedem Stoff verzweifelte und die Farbe der Wahrheit nur in Farben finden konnte, die eigentlich gar keine Farben sind.

«Warum nur hast du in deinen Bildern nicht die Buntheit und die Fülle der Wirklichkeit triumphieren lassen, Alberto Giacometti? Warum gibst du keine Ruhe, bis du alle leuchtende Klarheit endlich zunichte gemacht hast? Warum malst du so schmutzig? Eigentlich hättest du doch ein Cagliostro deiner Zeit werden können, unter dessen Händen die Schönheit der Dinge und Menschen zu neuem Leben erblüht und alles Unedle sich in Edles verwandelt. Die Magie war dir in die Hände gelegt. Warum nur wurdest du zum verwunschenen Alchemisten, dessen strahlende Palette am Ende jeden Tages einer Schlammpfütze aus Grautönen glich? Warum war das Grau dein Gold? Warum hieltst du es auf deine Weise mit deinem Bildhauerzeitgenossen Cy Twombly, der ebenso wenig wie du ein Rodin sein wollte, seine Skulpturen aus Treibgut und Schwemmholz zusammenleimte, weiss anstrich und über sich selbst sagte: *White paint is my marble*?»

«Weil die Wege der Kunst und die Wege der Alchemie unerforschlich sind. So unerforschlich wie für einen religiösen Menschen die Wege des Herrn», hätte Alberto Giacometti daraufhin womöglich geantwortet. «Weil es nicht so einfach ist, die Dinge so wiederzugeben, wie ihr glaubt, dass man sie sieht. Ich sehe sie nicht so wie ihr. Natürlich kann niemand wissen, wie der andere die Dinge sieht und ob für euch Grau dasselbe ist wie für mich. Es könnte ja in der Tat sein, dass euer Gold mein Grau und euer Grau mein Gold ist. Es ist also unmöglich, euch euren Wunsch zu erfüllen. Denn ich kann auch angesichts des Vertrautesten nicht mehr aus dem Vertrauten schöpfen. Selbst dann nicht, wenn meine Frau oder mein Bruder mir Modell sitzen. Gerade dann nicht. Herrgott, was heisst denn Ähnlichkeit? Keiner weiss, was Ähnlichkeit ist, weil keiner weiss, wer der, von dem ich ein Porträt zu machen versuche, in Wahrheit ist, wem also sein Bildnis gleichen könnte.»

Und weil Alberto Giacometti nichts mehr wusste, wurde er, dem alles Vertraute fremd geworden war wie einer verlorenen gnostischen Seele, inmitten alles Vertrauten immer mehr zu einem Fremden. Zu einem Weltfremden, dem nichts anderes übrigblieb, als weltfremde Kunst zu schaffen und zum Schöpfer aus dem Nichts zu werden.

Wer jedoch als Künstler zum Schöpfer aus dem Nichts wird und als Erhalter und Retter des Geschaffenen überdies zu verhindern versucht, dass das Erschaffene am Ende wieder im Nichts verschwindet, begibt sich auf einen steinigen und schmalen Weg. Auf die Schneide eines Messers sozusagen. Alberto Giacomettis Figuren sind die Schneide dieses Messers, das die Wirklichkeit auf ihre Wahrheit hin zu sezieren und ein Ding der Unmöglichkeit sichtbar zu machen sucht.

Dass Alberto Giacomettis Köpfe Schauplätze eines Kampfs sind, zeigt sich auch daran, dass die Materie der Farbe, der Leinwand, des Bleistifts, des Papiers, des Gipses und des Tons aufgrund der Intensität ihrer Bearbeitung oft zu einem Schlachtfeld wird – so wie Albertos Palette, auf der die Farben einander bekriegen und zerstören. Auf Papier, dem fragilsten aller Bildträger, wird dieses Theater der Grausamkeit,[68] das sich am Rande der Zerstörung von Bild und Untergrund abspielt, besonders sichtbar.

Der Grat von Alberto Giacomettis Kunst ist also schmal. Giacometti kämpft ernstlich gegen das Scheitern. Dass die Form keine Macht über den Stoff gewinnt und die stoffliche Formlosigkeit am Ende über den göttlichen Geist der Kunst triumphiert, hielt Giacometti jederzeit für möglich, ja für unausweichlich. Und doch wurde der Zweifel für ihn ebenso zum Nährboden des Erfolgs wie das Kreuz zum Zeichen der Christinnen und Christen wurde, die nicht nur an die Zerstörung, sondern an die Auferstehung Jesu glaubten.

Wie sein Zeitgenosse Karl Barth, für den Theologie bedeutete, immer wieder mit dem Anfang anzufangen, fing auch Giacometti jeden Tag aufs Neue dort an, wo alles endet und wo es keinen Anfang zu geben scheint. Täglich machte er sich zum Grab auf. Und am Ende trat der Auferstandene aus dem Grab der Darstellung. Aber erst musste Giacometti der Virtuosität der Darstellung das Grab schaufeln. Und so war jeder Kampf um die lebendige Seele eines Gesichts ein Kampf mit dem Tod, den der Tod zu gewinnen schien.

Ein wenig verhält es sich in Giacomettis Kunst wie mit der Quantenphysik, genauer gesagt wie mit Werner Heisenbergs Unschärferelation. Und wenn schon die Beobachtung die Messergebnisse, also das Wesen der Wirklichkeit verändert, wie viel mehr erst der Griff des Bildhauers nach der Natur der Dinge. Offenbar muss man mit allerhöchster Vorsicht zu Werke gehen. Man darf die schreckhafte und zerbrechliche Seele des Seins nicht verletzen und verscheuchen, wenn man das Wesen eines Menschen ins Bild setzen will. Jeder Zugriff kann zum Entzug führen. Der Tod des Werks ist allgegenwärtig.

Führt man sich Giacomettis Zeichnungen erstmals vor Augen, dann könnte es den Anschein haben, als sei der Zeichner grandios gescheitert. Als sei sein Stift zur tödlichen Waffe für sein lebendiges Gegenüber geworden. Als habe er seine Modelle ins Herz oder in die Seele getroffen. Dort, wo das Geheimnis des Lebens und dessen Bewusstsein von sich und der Welt beheimatet ist, klafft in Giacomettis Porträts eine Wunde. Sie ist so tief und so tödlich, dass sie sich durch das Papier und die Leinwand hindurchzufressen droht.

Wenn dies wirklich geschehen würde, wäre das das Ende der Zeichnung und das Ende der Malerei. Der Argentinier Lucio Fontana erhob die Zerstörung der Leinwände in seinen *concetti spaziali* zum Programm. Seine Bilder, die dem Bildträger an die Substanz gehen, sind offene Wunden. Als wären sie Passionsbilder. Stationen eines Kreuzwegs oder Anbetungen der Seitenwunde Jesu. Giacometti hatte derlei nie im Sinn, wenngleich er zuweilen tatsächlich «mit dem Stift das Papier aufschlitzen zu wollen» schien, «als ob die entscheidende Form dahinter liege»[69]. Diesen Eindruck gewann jedenfalls der Kunsthistoriker Gotthard Jedlicka, der Giacometti Modell sass.

Und doch beabsichtigte Giacometti, der die Unschuld des Sehens und des Schaffens verloren oder vielmehr neu zurückgewonnen hatte, keine Massaker anzurichten, wenngleich er wusste, dass jeder Mensch eine unheilbare Wunde ist, und wenngleich ihn Tod und Mord bis in die Träume hinein verfolgten. So sehr, dass er vom Jahr 1921 an nicht mehr wagte, das Licht neben seinem Bett zu löschen, seit er eines Nachts während einer Italienreise Zeuge des Todes seines Reisebegleiters geworden war.

Alberto Giacometti hatte sich darauf eingelassen, mit dem über vierzig Jahre älteren Niederländer Peter Antoni van Meurs, der ihm augenscheinlich Avancen machte, eine Reise in den Süden zu unternehmen. Während dieser Reise starb van Meurs. Im Augenblick dieses Todes verwandelte sich die Welt für Giacometti in ein Schwarzes Loch. Mit voller Wucht überfiel ihn die zuvor nur theoretisch reale Möglichkeit, dass der Tod jederzeit jede und jeden in seinen Strudel ziehen konnte.

Womöglich wurde viele Jahre später jedes seiner Kunstwerke genau darum zum Schwarzen Loch. Immer dann, wenn Giacometti einen Kopf so wiederzugeben versuchte, wie er ihn sah, tat sich aufs Neue das Schwarze Loch jener Veltliner Nacht des Jahres 1921 auf. Das Schwarze Loch des Todes, das im Innersten allen Seins lauert, begann mit einem Mal auch im Seelenherzen seiner Porträts zu klaffen. Unversehens stiess es dem Künstler zu, dass er in einer Art Wiederholungszwang des Grauens selbst zum Mörder wurde.

Wohin gelangt man, wenn man sich hineinbegibt in dieses Schwarze Loch im Zentrum von Giacomettis Kunst? Gewiss ist, dass es einen zu verschlingen droht. Denn seine Anziehungskraft ist ungeheuerlich. So ungeheuerlich, dass es genügt, einen Bildband mit Zeichnungen oder Gemälden von Alberto Giacometti durchzublättern, um diese Gravitation zu spüren, die einem den Atem raubt und die Sprache verschlägt.

Was ist es, das wir da sehen? Sind Giacomettis Köpfe mystische Exerzitien? Buddhistische Todesmeditationen? Umschlagplätze des Nirvana? Schrumpfköpfe eines unbekannten indigenen Kults? Sind die fernen Köpfe auf nahen Schultern perspektivische Vexierspiele? Sind es Verweigerungen vor dem Bildraum, der von der Renaissancekunst bis zu den Impressionisten das Abendland beherrschte, ehe Vincent van Gogh, Paul Cézanne und Pablo Picasso ihn mit einem Mal explodieren und in Tausende von Trümmern zerbersten liessen? Handelt es sich um ästhetische Extremfälle oder gar Ausserkraftsetzungen des Raum-Zeit-Kontinuums?

Seit die Denkbarkeit Schwarzer Löcher als Konsequenz von Einsteins Relativitätstheorie erstmals im Raum der Naturwissenschaft stand, laboriert die Physik an der Frage, ob diese gigantischen Raumzeitkrümmungen Ausgänge in andere Universen oder nur Sackgassen sind. Fallen, aus denen es kein Entrinnen gibt und in denen die Zeit ohne Aussicht auf Zukunft zum *nunc stans* einer furchtbaren Ewigkeit wird. Vielleicht liegt die rätselhafte Anziehungskraft von Giacomettis Porträts darin, dass sie wie Sackgassen wirken, aber in Wahrheit Ausgänge aus der Kunst sind. Ausgänge, die die Kunst nicht nur an die Grenze ihres eigenen Todes, sondern darüber hinaus führen.

Es scheint ja so, als sei das spezifische Gewicht und die Intensität der Striche, der Linien und der grauschwarzen Farbe in Giacomettis Gesichtern so gross, dass die Kunst genau an diesen hyperkonzentrierten, zum Zerreissen gespannten Punkten der Raumzeit sich selbst transzendiert und zu etwas anderem wird: zur Spiegelschrift eines Lebens jenseits der Kunst, das aus der Perspektive diesseits der Kunst dem Tod zum Verwechseln ähnlich sieht.

Wenn es so wäre, dann wäre Giacomettis Kunst so etwas wie negative Theologie. Dann wäre das Totenreich ein Gleichnis, vielleicht sogar das einzige Gleichnis des Himmelreichs. Und dann erschiene Alberto Giacomettis Auskunft, weder das Leben noch den Tod zu verstehen, in einem ganz anderen Licht. Sie wäre die Weisheit eines Künstlers, dem aller Unwahrscheinlichkeit zum Trotz am Nullpunkt der Kunst das Kunststück gelang, den Antagonismus von Leben und Tod zu transzendieren.

Da sind aber nicht nur die schwarzen Gesichter. Nicht in jedem gezeichneten und nicht in jedem gemalten Porträt und auch nicht in jeder Plastik Giacomettis tut sich der dunkle Abgrund eines solch ungeheuren Gravitationszentrums auf. Nicht in jeden Kopf Giacomettis fliesst die Verzweiflung ein, die die Farbe, den Bleistiftstrich, die Radiernadel und den Untergrund unerbittlich quält. Da sind auch die unendlich zart gezeichneten, auf ihren Schultern fast vergehenden, sich ins Ätherische auflösenden, ja vergeistigenden Köpfe. In Giacomettis Kunst gibt es nicht nur Schwarze, sondern auch Weisse Löcher. Beide sind zweierlei Gestalten derselben Sehnsucht des Verschwindens oder vielmehr des Auftauchens der Malerei in die absolute Gegenwart der Erscheinung eines ganz Anderen. Und jede dieser Gestalten macht die Rätselhaftigkeit der menschlichen Gegenwart und deren unfassbares Dasein im Reich der Materie sichtbar.

Der Philosoph Martin Heidegger sprach von diesem Dasein als «Lichtung des Seins»[70]. Das war seine Weise, die cartesische Unterscheidung von *res cogitans* und *res extensa* zur Sprache zu bringen. Also von Denkdingen, die keine Dinge sind, und ausgedehnten Materiedingen, die einfach da sind, ohne zu spüren, wie es ist, da zu sein. Der Mensch ist beides. Eine raumzeitlich ausgedehnte Aussenwelt und eine Innenwelt, deren Gedanken und Gefühle nicht den geringsten Raum einnehmen, dafür mit Leichtigkeit in der Zeit umherwandern. Jeder Mensch weiss, was es bedeutet, dass Menschen Dinge und dass sie zugleich alles andere als Dinge sind. Und doch weiss es niemand. Jeder weiss um den Unterschied zwischen Etwas und Jemand. Aber kein Mensch weiss, was ein Mensch ist.

Giacomettis Dunklungen und Lichtungen machen jedoch auch noch etwas anderes sichtbar. Die Leere nämlich, die die einsame Spezies Mensch im Kosmos umgibt. Die Spezies, die so anders ist als alles andere. Anders als Steine und Sonnen. Anders als Amöben, Ameisen und Alligatoren. Giacomettis Schöpfungen bringen den Abgrund des Nichts zur Erscheinung, der sich im Innersten jedes Daseins auftut und der um jedes Dasein herum klafft, das um sich und um seine Vergänglichkeit und um seine Verlorenheit im All weiss.

Es gibt keinen Künstler, den man mit mehr Recht einen Künstler des unendlichen Raums und des unendlichen Nichts nennen könnte als Alberto Giacometti. Dass alles, was ist, im Raum ist, und dass dieser Raum ein unlösbares Rätsel und eine ungeheure Bedrohung aller darin Verlorenen ist, wird nirgendwo überwältigender sichtbar als dort, wo in irgendeinem Raum eine Skulptur von Alberto Giacometti steht. Und es wird um so sichtbarer, je kleiner, schmaler, komprimierter und kristalliner diese Skulptur ist.

Giacomettis Skulpturen offenbaren aber nicht nur die Unendlichkeit und die unendliche Bedrohlichkeit des Raums. Sie weisen ihre Betrachterinnen und Betrachter auch an einen präzisen Ort in diesem Raum. Jean Genet

bemerkte, Giacomettis Büsten «*können* von allen Seiten», aber «sie *müssen* von vorne betrachtet werden»[71]. Wer sich schon einmal im gleichen Raum mit einer Skulptur Alberto Giacomettis befunden hat, weiss, dass es fast unmöglich ist, sich nicht genau gegenüber von ihnen zu positionieren. Streng und unerbittlich befiehlt uns jedes von Giacometti erschaffene Wesen, «wieder zu dem einsamen Punkt zurückzukehren, von wo es betrachtet werden muss»[72]. Es gibt kein Entrinnen von diesem Punkt. Und es ist unendlich schwer, sich von ihm loszureissen.

Dass es kein Entrinnen gibt, ermöglicht auch erst den Augenblick der Offenbarung. Denn wenn man sich Giacomettis Skulpturen *face to face* stellt und sich ihrem augenlosen Blick aussetzt, werden sie tatsächlich lebendig. Und zwar je heftiger die Gezeiten der Gravitation sie zusammenpressen und je tödlicher der Druck dieser Gezeiten ist. Je schmaler und komprimierter sie werden, umso mehr verwandeln sie sich in Schwarze Löcher und erwachen zu einem unheimlichen Leben, das alle in ihren Bann schlägt, die ihnen gegenübertreten. Aber nur in dem Augenblick, in dem sie uns wortlos und blicklos vor sich zitieren. Nur von vorn gesehen sind sie lebendig. Von der Seite gesehen sind sie, was sie sind. Tote Materie. Ein Klumpen Lehm. Adam, ehe er Adam wird. Adam, bevor Gott ihm den Atem des Lebens einhaucht. Aber sobald man ihnen gegenübertritt, ändert sich alles. Dann sind es keine Toten, sondern lebendige Wesen.

Es ist Alberto Giacometti gelungen. Er hat jedem seiner Geschöpfe wie der göttliche Bildhauer in Genesis 2 den Odem des Lebens einzuhauchen vermocht und mit der Kraft seiner hartnäckigen Verzweiflung unheimliche *trompes-l'œuil* geschaffen. Und zwar in doppelter Hinsicht. Seine Köpfe sehen Toten und Lebenden zugleich täuschend ähnlich. Vielleicht auch deshalb, weil Alberto Giacometti sie in demjenigen magischen Augenblick festgehalten hat, in dem sie dabei sind, die Augen aufzuschlagen und zum Leben zu erwachen.

Oder verhält es sich umgekehrt? Ist es der Augenblick vor dem Erlöschen, den Giacometti zu bannen versuchte, weil er gebannt, ja traumatisiert war von der entsetzlichen Tatsache, dass jeder Mensch wie sein einstiger Reisebegleiter Peter Antoni van Meurs jederzeit unversehens zu einer erloschenen Welt werden kann?

Interessanterweise hielt der Magier Alberto Giacometti nicht viel von der Magie der Kunst, auch nicht von den allergrössten Kunstwerken aller Zeiten. Sie waren für ihn das Allerwichtigste, aber so wichtig auch wieder nicht. Wahrscheinlich deshalb, weil er sehr genau wusste, dass weder er noch irgendein anderer Künstler dem göttlichen Schöpfer von ferne gleicht, und weil für ihn die lebendige Wirklichkeit «tausendmal schöner»[73] war als jedes Kunstwerk. «Aus einem brennenden Haus», so sagte er, «würde ich eher die Katze als den Rembrandt retten.»[74] Und ein Jahr vor seinem Tod schrieb er: «All das ist nichts Besonderes, all die Gemälde, Plastiken, Zeichnungen, das Geschriebene oder vielmehr die Literatur, alles dort, wo es hingehört, mehr nicht. Alles Versuche. Aber, wie wunderbar!»[75]

Doch warum sind sie so schmal, diese Köpfe, diese gehenden Männer und diese stehenden Frauen? Alberto Giacometti erzählte Pierre Dumayet, dass er, um dem totalen Verschwinden und dem gänzlichen Zerfall seiner Skulpturen zu wehren, eines Tages beschlossen habe, bei einer Grösse von einem Meter anzufangen «und um keinen Preis auch nur einen Millimeter nachzugeben [...] Doch dann ist mit der Figur das Gegenteil passiert. Statt [...] zu schrumpfen, hat sie [...] abgenommen.»[76] Offenbar ist ihre Energieerhaltung nur dadurch möglich, dass die Skulpturen schmaler, also konzentrierter werden. Und vielleicht können sie nur dadurch zum Leben erwachen und zu flirren und zu vibrieren beginnen, dass sie an ihren Rändern gewissermassen ausfransen. So ehern sie auch gegossen sein mögen: Der Druck der singulären Giacometti-Raumzeit auf sie und das Zerren dieser Raumzeit an ihnen macht sie zur ätherischen Fata Morgana im atmosphärischen Flimmern der Wüstenluftschichten.

Vielleicht aber sind sie auch aus einem anderen Grund so schmal. Es könnte sein, dass ihre materielle Substanz verschwinden muss, um ahnen zu lassen, was es mit ihrem Geist, dem rätselhaftesten aller Welträtsel, auf sich hat. Es könnte sein, dass die Materie dieser Köpfe vom Künstler abgetragen und aufgezehrt werden muss, damit ihr Geist sichtbar werden kann. Georg Wilhelm Friedrich Hegels «Phänomenologie des Geistes» zufolge ist der Geist kein Seiendes, weshalb «das Sein als solches überhaupt nicht die Wahrheit des Geistes ist»[77]. Die «Wirklichkeit und [das] Dasein des Menschen» ist zwar «sein Schädelknochen»[78]. Sein Geist kann aber nicht vom Knochen und auch nicht von der Hirnsubstanz her begriffen und vom Künstler folglich auch nicht als Bronze dargestellt werden. Und zwar von keinem Künstler der Welt.

«Es ist», so Hegel, «von dieser Seite für völlige Verleugnung der Vernunft anzusehen, für das *wirkliche Dasein* des Bewusstseins einen Knochen auszugeben; und dafür wird er ausgegeben, indem er als das Äussere des Geistes betrachtet wird, denn das Äussere ist eben die seiende Wirklichkeit.»[79] Der Geist hingegen ist nichts Menschenbekanntes und schon gar nicht irgendeine Materie der Welt. Ein individuelles Wesen ist weder die Materie, aus der es besteht, noch ist es das Nichts, für das jeder Materialismus alle Individualität unweigerlich halten muss.

Wenn die Bestimmung des Künstler-Sisyphus Alberto Giacometti tatsächlich darin bestanden haben sollte, sich an der Unmöglichkeit der Erscheinung des Geistes in der Kunst abzuarbeiten, dann hätte dieser ferne Nachfahre Platons das uralte, durch keine Wissenschaft und durch keinen archaischen, antiken oder modernen Höhlenmenschen der Welt jemals lösbare Leib-Seele-Geist-Problem auf seine Weise aufs Neue bearbeitet.

Einer fragte Giacometti einmal scherzhaft, vielleicht sogar schnippisch, ob in diesen dünnen Köpfen Gehirne Platz hätten. Dem Fragenden kam nicht in den Sinn, dass Gehirn und Bewusstsein zweierlei sein könnte. Ihm dämmerte nicht, dass das Geheimnis des Bewusstseins bis heute nicht verstanden ist und möglicherweise von keinem menschlichen Bewusstsein je verstanden werden kann. Er vermochte sich nicht vorzustellen, dass es andere Möglichkeiten geben könnte, Bewusstsein, Geist und Seele darzustellen, als auf die Weise einer letztlich materialistischen Naturwissenschaft, die Gehirne zeigen, Gehirne imaginieren und Gehirne illuminieren muss, um Bewusstsein sichtbar und verstehbar zu machen.

Ob Giacometti wusste, dass er mit dem Geheimnis des Geistes rang, als er immer mehr Materie von seinen Skulpturen abtrug, muss dahingestellt bleiben. Sicher ist, dass er einmal sagte: «Jedes Quäntchen Materie muss mit Leben erfüllt werden.»[80] Und wie sonst könnte eine Skulptur zum Bewusstsein erwachen, wenn nicht dadurch, dass Materie sich in etwas ganz anderes verwandelt, also unsichtbar wird?

Doch was heisst das für den Künstler? Es heisst, dass er das wiedergeben muss, was für das Gegenüber eines Menschen der sichtbarste Ausdruck von dessen Bewusstsein ist: den Blick. Ohne den Blick und abgesehen von ihm ist jeder Kopf tatsächlich nur ein Knochen.

Im Gespräch mit dem Literaturkritiker Georges Charbonnier erwähnte Giacometti, dass es ihm einmal gelang, beim genauen Hinsehen den Schädel eines jungen Mädchens «in etwa durchscheinen zu sehen». Als er das junge Mädchen zeichnen wollte, «hat mich», so Giacometti, «eine Sache verblüfft, das heisst, ich habe plötzlich gesehen, dass das Einzige, was Leben besass, der Blick war. Der Rest, der Kopf, der sich in einen Schädel verwandelte, entsprach mehr oder weniger einem Totenschädel. Was den Unterschied zwischen dem Toten und dem Lebenden ausmachte, war der Blick.»[81]

Aber wie kann man diesen Blick wiedergeben? Wie kann man das Bewusstsein wiedergeben? Wie kann man die Gegenwart eines lebendigen Geistes wiedergeben? Giacometti entschied sich unwillkürlich dafür, Materie zu beseitigen, um den Geist zur Erscheinung zu bringen. Den Geist des Blicks. In diesem Vorgehen lauerte das Risiko, nicht das Leben, sondern im Gegenteil den Tod, der an jedem Menschen frisst, sichtbar zu machen. Das wusste Giacometti. Und er wusste auch, dass es mit der materiellen Darstellung eines Auges nicht getan war. Denn der Blick, der den Menschen über die Materie erhebt, ist nicht Materie. Der Blick als Wesen des Auges ist, wie Hegel so dunkel wie unübertroffen formulierte, ebenso wie der Mensch selbst, eine Nacht. «Diese Nacht», so Hegel, «erblickt man, wenn man dem Menschen ins Auge blickt – in eine Nacht hinein, die furchtbar wird –, es hängt die Nacht der Welt hier einem entgegen.»[82]

Vielleicht ist es diese Nacht, die einem auch aus Giacomettis stärksten Porträts entgegenhängt. Und vielleicht wird es in Alberto Giacomettis Gesichtern deshalb fortwährend und unwillkürlich Nacht, weil er ins Dunkel des Blicks vorzudringen suchte und von der Frage gemartert wurde, ob man einen Blick malen kann, ohne ein Auge zu malen, ob man also einen Blick darstellen kann, ohne das physiologische Organ darzustellen, dem der Blick entspringt, und ob das nicht vielleicht gerade deshalb unmöglich ist, weil das Bewusstsein des Blicks etwas völlig anderes ist als der physiologische Vorgang des Sehens und weil zwischen der Innenperspektive eines Menschen und der Aussenperspektive auf diesen Menschen ein Abgrund klafft. Ein Abgrund, der so unüberbrückbar ist wie der Abgrund, der zwischen der seitlichen und der frontalen Ansicht von Giacomettis Büsten klafft.

Womöglich registriert Giacomettis Kunst wie kaum eine andere, dass das Phänomen des Sehens ungeachtet seiner wissenschaftlichen Entschleierung letztendlich ebenso rätselhaft bleibt wie das Phänomen des Bewusstseins und dass es am Fusse des Leuchtturms sozusagen am dunkelsten ist. Weder sieht sich ja das Auge selbst, noch sieht jemand, der einem Auge ins Auge sieht und von einem Blick angeschaut wird, das Sehen des Auges. Auch wer sich selbst im Spiegel sieht, sieht nicht sich selbst, sondern jemand anderen. Kein Mensch wird jemals wissen können, wie ein anderer Mensch etwas oder jemanden sieht. Und kein Mensch wird einen anderen Menschen aus dessen Innenperspektive sehen und spüren können – auch im Augenblick der intensivsten menschenmöglichen Verschmelzung nicht. Auch wenn man alles über einen anderen Menschen wissen würde, würde man eines nicht wissen können: wie es für diesen anderen Menschen ist, dieser Mensch zu sein.

Jeder Mensch ist also allein mit sich selbst und Äonen von jedem anderen, auch vom nächsten und vertrautesten anderen Menschen, entfernt und getrennt. Selbst von sich selbst. Wir finden uns in uns vor, müssen mit uns leben und sind uns und unseren Körpern letztlich ebenso fremd und feind wie jenen anderen, die wir nicht sind. Das ist die Wahrheit des Gnostizismus und des Platonismus. Und wahrscheinlich ist es auch die Wahrheit des Existenzialismus. Wenn es so wäre, dann wäre Giacomettis Darstellung absoluter, anderen und vielleicht sogar sich selbst unzugänglicher, zur Existenz verurteilter, einsam im Nichts stehender Singularität zutiefst existenzialistisch. Auch deshalb, weil man seinen Skulpturen nicht näherkommen kann. Selbst aus nächster Nähe nicht. Unerbittlich weichen sie in ihre Einsamkeit zurück, die das Einzige ist, was sie besitzen und was sie von allen anderen Einsamen unterscheidet und adelt. Jede dieser Skulpturen ist wie jeder Mensch nicht nur ein Mikrokosmos, sondern ein Kosmos, zu dem kein Weg aus einem anderen Kosmos führt.

Wenn ein Künstler die Gegenwart des Geistes zu bannen versucht, wird er unweigerlich auf die Aporie stossen, dass die Erscheinung des Geistes nur auf dem Weg der Vernichtung der gesamten Materie einer Figur zu erreichen ist, dass er also dazu verurteilt ist, niemals zu dieser Erscheinung vordringen zu können. Entweder alles zerfällt. Und dann ist alles nichts. So, wie in jener Phase von Giacomettis Schaffen, in der von seinen Gebilden am Ende nahezu nichts übrigblieb. Oder aber es bleibt zu viel übrig. Dann besteht die Gefahr, dass auch die grösste Lebensähnlichkeit und die intensivste Lebendigkeit des Blicks nicht darüber hinwegtäuschen kann, dass es sich um einen Haufen Material, um einen Klumpen Erde oder um einen Berg Farbe handelt. Hart traf das Urteil dessen, der nach der Realität suchte wie nach einem Heiligen Gral, die realistische Kunst. Es war vernichtend. «Realistische Malerei», so Alberto Giacometti, «ist die, welche zu wenig Wirklichkeit hat, um Stil zu haben. Das Dumme an ihr ist, dass sie mit absolut nichts eine Ähnlichkeit hat.»[83]

Ebenso vernichtend war Giacomettis Urteil über abstrakte Kunst. Denn ihm ging es je länger, je mehr nur um die Wirklichkeit, wie sie ihm erschien. Das allerdings führte dazu, dass er die Menschen «vor lauter Sehen»[84] nicht wiedererkannte und dass er sie nicht mehr in Lebensgrösse darstellen konnte. «Nie mehr, nie mehr. Nie mehr.»[85] Und zwar deshalb, weil er sie nicht mehr in Lebensgrösse im Auge hatte. Und das ist wortwörtlich gemeint. Man braucht nur ein Gesicht, das einen Meter entfernt ist, mit Daumen und Zeigefinger unmittelbar vor dem eigenen Auge zu messen, um den Beweis dafür zu haben, dass Alberto Giacomettis «geschrumpfte» Köpfe keine Abstraktionen, sondern die grössengetreue Wiedergabe realer Erscheinungen sind. Und weil jede ernstzunehmende Kunst aus Alberto Giacomettis Sicht mit der unmöglichen Möglichkeit der Wiedergabe dieser realen Erscheinung zu kämpfen hat, konnte Abstraktion für ihn nur «eine schlichte Vorsichtsmassnahme» sein; «die natürliche Konsequenz unseres Bewusstseins der Unmöglichkeit, die Welt darzustellen.»[86]

Vielleicht liegt das wirkliche Geheimnis des jenseits von Realismus und Abstraktion angesiedelten Spätwerks von Alberto Giacometti darin, dass er die Alternative zwischen Materie und Vernichtung der Materie zu überwinden und ein nie zuvor in der Kunst gesehenes Zwischenreich erhabener Gegenwart zur Erscheinung zu bringen vermochte.

Dass ihm das tatsächlich gelungen sein könnte, wird um so sichtbarer, wenn man inmitten von Porträts und Skulpturen anderer Künstlerinnen und Künstler einer

Skulptur, eines Gemäldes oder einer Zeichnung von Alberto Giacometti gewahr wird. In jeder Ausstellung hinterlässt jede Skulptur Giacomettis vor allem einen Eindruck: den Eindruck absoluter Andersheit inmitten des Gemenges und des Getriebes der Kunst. Alles, was Giacometti zum Leben der Kunst erweckt hat, ist derart gebieterisch, dass es die Kraft hat, nahezu alles Leben und alle Intensität der Kunstwerke um es herum zu töten.

Warum sich das so verhält, ist schwer zu sagen. Vielleicht hat es damit zu tun, dass jedes Meisterwerk wie eine eifersüchtige Gottheit einzigartig zu sein und alle anderen Werke neben ihm zu töten sucht – und dass danach letztlich auch die Schöpfer dieser Meisterwerke trachten. Der Eindruck, dass die Bilder in Ausstellungen friedlich nebeneinander hängen, täuscht also, wie der französische Dichter Paul Valéry in seiner Polemik gegen das Museum hellsichtig notiert hat. Kunst ist immer auch «Kunst gegen andere Kunst»[87].

Vielleicht hat ja gerade diejenige Kunst, deren Anziehungskraft am grössten ist, auch die grösste Abstossungskraft. Vielleicht verdrängt gerade diejenige Kunst, deren Intensität am stärksten ist, aufgrund ihres Kraftfeldes alle andere Kunst. Genet legt in seinem Essay über Giacometti eine Spur zu dieser Deutung: «Aus zwanzig Metern Entfernung gesehen ist jedes Porträt eine kleine, lebendige Masse – hart wie ein Kieselstein, gestopft wie ein Ei – die ohne Anstrengung hundert andere Bilder nähren»[88], aber auch in den Schatten der Belanglosigkeit stellen könnte.

Das spezifische Gewicht von Giacomettis Skulpturen scheint dort am grössten, wo am wenigsten skulpturale Masse ist – also nicht in der Gegend des Oberkörpers, der einem Bergmassiv gleicht, sondern dort, wo sich die Skulptur am dramatischsten verjüngt und wo sich ihre Wirklichkeit am überwältigendsten verdichtet: im Zentrum des Kopfes.

Wer einmal in Giacomettis Bündner Heimat gewesen ist und Giacometti kennt, wird kaum umhinkönnen, in den grauen Bergen des Bergells Giacomettis Skulpturen und in Giacomettis Skulpturen diese Berge zu erkennen. «Das Mass der Welt»[89] war für Alberto Giacometti wahrlich nicht der Mensch, sondern jene Natur, die jedes menschliche Mass übersteigt. In der existenzialistischen Interpretationsgeschichte von Giacomettis Kunst geriet das in den Hintergrund.[90]

Giacomettis Bronzen sind Gebirge. Nadelspitz zulaufende Bergstöcke. Umgekehrt sind die Berge über der Bondasca Skulpturen. Kunstwerke eines ganz anderen Künstlers, der nicht nur diese Berge erschuf, sondern auch den, der unter diesen Bergen zur Welt kam und dort seine letzte Ruhestätte fand. Dort, in seiner Heimat, in deren Felsen und in deren Erde er am Ende aufging und von deren Menschen er auch nach vier Jahrzehnten in der Fremde dem Äusseren nach nicht unterscheidbar war.

Der Zürcher Journalist Manuel Gasser schrieb anlässlich des Todes von Alberto Giacometti:

> *Alberto erschien uns auf einmal nicht mehr als der weltberühmte Künstler, sondern ganz nur als Sohn des Hauses und des Tales. Und als wir ihn abends im Wirtshaus bei einer Gruppe Waldarbeiter sitzen sahen, hätten wir ihn beinahe nicht erkannt, so ähnlich war er seinen Landsleuten in Tonfall, Gebärde und auch im Aussehen.*[91]

Und so ist es vielleicht auch nicht erstaunlich, dass Giacomettis Bronzen an sein Tal und dessen Gipfel erinnern. Ebenso wie die Berge des Bergells sind Giacomettis Skulpturen reglose Wächter. Wer an Alberto Giacomettis Grab auf dem Friedhof von Borgonovo steht, wird vielleicht sogar spüren, wie diese Wächter von hoch über dem Talgrund her auch den bewachen, dessen Leib in dieser Erde längst zerfallen ist.

Auch in anderer Hinsicht ähneln die Berge von Giacomettis Heimat Giacomettis Figuren. Sie erscheinen wie Versuche der Natur, sich von der Schwerkraft der Erde zu lösen, ihre Erdgebundenheit zurückzulassen und das Irdische in den Himmel hinein zu transzendieren. Ihre Majestät verdanken sie ihrer Transzendenz. Sie sind

Geschöpfe und zugleich Götter. Kein Wunder, dass von alters her die Versuchung gross war, in Berggipfeln Wohnstätten der Gottheiten oder gottgleiche Mächte zu sehen.

«Die Figur», schreibt Palma Bucarelli, die Ikone der italienischen Kunstkritik, in ihrem grossartigen Buch über Alberto Giacometti, «kann nicht grösser als ein Daumen sein, und doch stecken ihre Füsse im Morast und ihr Kopf ist dem Himmel nahe in den Wolken.»[92]

Zumal wenn die untergehende Sonne das Gestein erfasst, sind die Granitwesen keine Felsen mehr, sondern ätherische Epiphanien. Gleichnisse des unlösbaren Rätsels, was es wohl auf sich hat mit der Natur der Natur und wes Geistes Kind sie wohl ist. Gleichnisse des unlösbaren Leib-Seele-Geist-Problems der Philosophie. Gleichnisse der unlösbaren Aufgabe der Kunst, als Kunst den eigenen Horizont zu überschreiten und der Materie den Geist des Lebens einzuhauchen. Gleichnisse des hoffnungslosen Unterfangens, nach Ausgängen aus der unentrinnbaren Raumzeit zu suchen.

Es scheint, als habe der Künstler Alberto Giacometti den Kampf gegen die Raumzeit gewonnen, den der Mensch Alberto Giacometti verlieren musste. Es scheint, als sei es dem Künstler geglückt, die Dinge in eine andere Dimension zu verrücken. Denn dort sind sie, die Gestalten Alberto Giacomettis: in einer anderen Dimension. Niemand, auch wenn er sie mit der Nasenspitze berührt, kann ihnen in diese Dimension hinein folgen. Was Christus im Johannesevangelium, das die Entzogenheit Jesu zu verarbeiten sucht, über sich selbst sagt, gilt auch für Giacomettis Skulpturen: «Wo ich hingehe, da könnt ihr nicht hinkommen.»[93]

Heidegger sann in seinem Buch «Sein und Zeit» über die doppelte Bedeutung des Wortes Entfernung nach. Wer sich entfernt, begibt sich zum einen aus der Nähe in die Ferne. Aber gegen allen Sprachgebrauch könnte man auch sagen, dass sich jemand, der sich entfernt, aus der Ferne in die Nähe begibt. «Entfernen besagt ein Verschwindenmachen der Ferne, das heisst der Entferntheit von etwas, Näherung.»[94] Alberto Giacomettis Skulpturen, Gemälde, Zeichnungen und Lithografien sind Entfernungen in diesem doppelten Sinn. Sie sind ferne Nähen und nahe Fernen. Anwesenheiten und Abwesenheiten. Gestalten der Präsenz und des Entzugs.

Möglicherweise liegt darin Giacomettis eigentliche ästhetische Errungenschaft. Im Kampf, den er in seiner Höhle kämpfte, entriss er dem Engel der Wirklichkeit den Abglanz eines Reichs, das nicht von dieser Welt ist.

Dem Philosophen Bruno Latour zufolge besteht das Wesen des Glaubens darin, Ferne zu reduzieren und Nähe herzustellen, also in der Nähe zu sein. Die Botschaft des Evangeliums, so Latour, hat kein einziges Byte. «Sie bietet Besseres als Informationsübertragung:

Sie transformiert Abwesende in Anwesende, Tote in Auferstandene.»[95]

In Alberto Giacomettis Kunst geschieht ebenso wie in Karl Barths dialektischer Theologie allerdings das Gegenteil. Denn Giacomettis Gestalten sind eben bei aller Nähe letztlich nicht Nähen, sondern Fernen. Transzendenzen. Die Kunst Alberto Giacomettis macht sichtbar, dass nicht nur Gott, sondern auch der Mensch für den Menschen eine Transzendenz ist. *Deus definiri nequit. Homo definiri nequit.* Niemand kann jemandem völlig transparent werden. Alle Menschen bleiben einander, auch sich selbst, fremd. Kein Mensch kann sich selbst auf sich selbst und auf irgendjemand anderen hin so überschreiten, dass am Ende absolute Nähe, Gewissheit oder gar Identität entsteht. Im Blick auf die transzendente Kunst Alberto Giacomettis drängt sich daher einmal mehr das zu Tode zitierte Diktum des Dichters Arthur Rimbaud auf: «Ich ist ein Anderer.»[96] Ein ganz Anderer. Eine rätselhafte Sphinx.

Eine Sphinx ist aber nicht nur ein rätselhaftes Wesen. Sie ist ein Dämon der Zerstörung und des Unheils. In der mythologischen Ikonografie wird die Sphinx als geflügelter Löwe mit dem Kopf einer Frau, gelegentlich auch als Frau mit den Tatzen und der Brust einer Löwin, mit einem Schlangenschwanz und Vogelflügeln dargestellt. *Le Sphinx*, das war in den dreissiger und vierziger Jahren des vergangenen Jahrhunderts aber auch das luxuriöseste und berühmteste, gerne von Künstlern und Literaten, insbesondere von Giacometti aufgesuchte Pariser Bordell.

«Mehrere nackte Frauen im Sphinx», schreibt Alberto Giacometti, «und im Hintergrund des Saales ich auf einem Stuhl. Der Abstand, der uns trennte (das glänzende Parkett, das trotz meines Verlangens, es zu überqueren, unüberbrückbar schien), beeindruckte mich ebenso [...] wie die Frauen.»[97] Zu Jean Genet sagte Giacometti: «Wenn ich durch die Strasse gehe und von Weitem eine völlig angezogene Hure sehe, sehe ich eine Hure. Wenn sie im Zimmer nackt vor mir steht, sehe ich eine Göttin.»[98]

Es wäre an dieser Stelle natürlich ein Leichtes, sich aus dem Arsenal der Sexualpsychologie zu bedienen und die Erfahrung der Unüberbrückbarkeit der Entfernung zwischen Alberto Giacometti und den Frauen als Unfähigkeit zu Nähe, Beziehung und Verschmelzung, vielleicht sogar als Frauenverachtung oder eben als eine Art Fetischismus zu deuten.

Mag man davon halten, was man will: Zu Giacomettis Pariser Leben gehörten die Prostituierten ebenso wie die Zigaretten, der Kaffee, die hartgekochten Eier und die Kunst. Und irgendwie passt es ins Bild von Giacomettis *amour fou sans fin* mit den Prostituierten des Montparnasse, dass die fast vierzig Jahre jüngere Frau, die in den letzten Stunden an seinem Sterbebett sass, nicht seine Ehefrau, sondern eine Prostituierte war.

Für Giacometti verkörperten die Prostituierten die ehrlichsten aller Frauen, weil sie sofort und nicht erst Jahre später die Rechnung präsentieren. Und vielleicht verkörperten die Prostituierten für ihn auch die faszinierendsten aller Frauen. Eben weil sie so unerreichbar sind und weil nur ein *fou* sich in eine Prostituierte verlieben und glauben kann, dass sie nur ihn liebt.

Nicht, dass es das nicht geben könnte.[99] Und doch ist interessant an all dem nicht die sexual- und liebespsychologische, gesellschafts-, ausbeutungs- und männerkritische Dimension. Interessant ist vielmehr, welche Früchte Alberto Giacomettis Eindruck der Unüberwindbarkeit der Entfernung zwischen ihm und den Frauen im *Le Sphinx* zeitigte. Die Früchte einer auratischen Kunst der absoluten Ferne und der Unmöglichkeit von Nähe nämlich.

In seinem berühmten Aufsatz «Das Kunstwerk im Zeitalter seiner technischen Reproduzierbarkeit» definiert der Philosoph Walter Benjamin den Begriff der Aura als «einmalige Erscheinung einer Ferne, so nah sie sein mag»[100]. Im Unterschied zur Aura ist dagegen die Spur die Erscheinung einer Nähe, so fern dasjenige sein mag, was diese Spur hinterlassen hat. Indem wir eine Spur verfolgen, werden wir einer Sache habhaft, enträtseln sie und bringen sie zur Strecke. Das Auratische dagegen entzieht sich und übt gerade so eine rätselhafte Macht über uns aus.

Was faszinierend bleiben soll, muss also fremd bleiben. Das gilt für die Kunst, für die Religion und für die Erotik. Walter Benjamin soll Liebenden empfohlen haben, einander vor dem Sex wieder zu siezen, um das Begehren zu steigern.

Die Geschöpfe, die Alberto Giacometti nach dem Bild ihrer Modelle erschafft, sind nicht Objektivierungen im Sinne einer Bildspur, sondern auratische Erscheinungen. Der Künstler verrückt diejenigen, die wenige Zentimeter vor ihm sitzen, in eine Ferne, in der sich der Abstand jenes von ihm beschriebenen Abends im *Le Sphinx* in einer Art Wiederholungszwang verewigt. Es hat den Anschein, als hielt Giacometti diesen Abstand geradezu für eine ontologische Konstante, also für ein Naturgesetz des Seins. Offenbar gehörte es für ihn zum Wesen und zur Wahrheit der Menschen, einander nicht näherkommen zu können – als folgten sie Wolfgang Paulis quantenphysikalischem Ausschliessungsprinzip.

Dem Pauli-Prinzip zufolge können zwei identische Elementarteilchen in einem Atom nicht gleichzeitig denselben Quantenzustand einnehmen, also nicht zur selben Zeit am selben Raumzeitpunkt existieren. Nur so lässt sich der differenzierte Aufbau der Materie verstehen. Das Pauli-Prinzip gilt nicht nur für den Aufbau des Atoms, sondern auch für grössere Strukturen. Der Widerstand, den kondensierte Materie weiterer Kompression entgegensetzt, ist eine Folge dieses Prinzips. Eine weitere Folge, so könnte man fortfahren, ist die Kunst eines Künstlers, der den Menschen als unzugängliche Einsamkeit und als unüberwindbare Entfernung von anderen Menschen ins Bild gesetzt hat. Jean Paul Sartre schreibt über Alberto Giacometti:

> *Diese Entfernung ist in seinen Augen nicht etwas Zufälliges, sondern sie entspringt dem innersten Wesen des Gegenstands. Er hat diese Dirnen, die da zwanzig Meter – zwanzig unüberbrückbare Meter – vor ihm sitzen, für immer im Licht seines hoffnungslosen Verlangens festgehalten. Sein Atelier ist ein Inselmeer, ein Durcheinander verschiedener Entschwindungen.*[101]

Durch ihr Entschwinden werden die Figuren in Giacomettis Höhle wie die entrückten Ahnen archaischer Kulturen zu Gottheiten. Die Entfernung zwischen den Menschen ist in der Kunst Alberto Giacomettis zum unendlichen Unterschied zwischen Mensch und Gott geworden. Keine Epiphanie bringt diesen Unterschied zum Verschwinden. Im Gegenteil. Jede Offenbarung weckt das Begehren in demselben Masse, wie sie es stillt. Jede Offenbarung, die den Abgrund zwischen dem Göttlichen und dem Menschlichen überwindet, macht um so mehr die Tiefe dieses Abgrunds bewusst.

Die biblische Überlieferung weiss darum, dass das insbesondere für die Menschwerdung Gottes, nicht zuletzt für die Offenbarung des Auferstandenen gilt. Der Christus der Evangelien bleibt in diesen Evangelien ein Einsamer und ein Fremder. Sein irdisches Leben führt ihn von Unort zu Unort. Auch wenn er dort ist, wo die Seinen sind, erscheint er wie Giacomettis Epiphanien in seiner eigenen, göttlichen Welt eingeschlossen. Nicht von ungefähr umgibt das Haupt Christi in unzähligen Darstellungen altmeisterlicher Kunst ein Heiligenschein. Eine Aura im Sinne Walter Benjamins. Auch und gerade der menschgewordene Gott erscheint den Menschen als ferner Fremder vom Himmel. Jede Erzählung des Neuen Testaments spiegelt das wieder – insbesondere die Weihnachtsgeschichte. Die Nacht der Menschwerdung ist die heiligste, auratischste und geheimnisvollste.

Was für jedes Ich, für jede Gestalt von Zwischenmenschlichkeit und für jede Skulptur Alberto Giacomettis gilt, gilt also um so mehr für den Gottessohn. Er entzieht sich gerade dort, wo er sich vergegenwärtigt. Wer den Saum seines Gewandes berührt, berührt einen Unberührbaren. Nicht von ungefähr bezeichnete das Konzil von Chalkedon im Jahr 451 Christus daher zugleich als wahren Menschen und als wahren Gott. Der Menschensohn, der der Gottessohn ist, ist auch dann keiner von uns, wenn er einer von uns wird. Und genau diese Ferne ist eine erlösende Ferne. Sie ist das wirkliche Wunder, das auf dem

Boden der Tatsachen zerschellen würde, wenn Jesus Christus nur Mensch und sonst nichts und niemand wäre. In der Christologie geht es also nie nur um Realpräsenz, sondern immer auch um Realabsenz. Riskant gesprochen geht es um Inkarnation und Exkarnation zugleich. Der mitten in der Welt zur Welt gekommene Christus muss mitten in dieser Welt jenseitig bleiben. Nur so kann er ein unstillbares Verlangen entzünden. Nur so kann er die Welt erlösen.

Ebenso wie der Christus führen Giacomettis Skulpturen die Aura eines Jenseits als eine unsichtbare, aber auch unübersehbare Mandorla mit sich. Das steigert die Fremdheit und den Anschein der Göttlichkeit dieser Kunst. Es steigert die Gewissheit, zu Zeuginnen und Zeugen einer magischen, erlösenden Gegenwart zu werden. Aber es steigert auch das Unbehagen. Was der Religionsphilosoph Rudolf Otto über das Heilige[102] schrieb, trifft auch auf Giacomettis numinose, diesseitig-jenseitige Wesen zu. Sie sind *fascinosum* und *tremendum*, schaurig und schön zugleich. Palma Bucarelli schreibt:

> *Wenn wir eine Skulptur Giacomettis betrachten werden wir von einer seltsamen Unruhe oder einer Art Unbehagen befallen: und die Ursache hierfür ist sicherlich nicht die Figur, das plastische Objekt vor unseren Augen, sondern etwas, das das Bild um sie herum erzeugt und dessen unfassbares, unsichtbares Wesen auf sie – wie auch auf uns – einwirkt.*[103]

Angesichts einer Figur von Alberto Giacometti wird denjenigen, die sie gewärtigen, also sozusagen mulmig. Unheimlich. Schwindel erfasst uns, weil der Boden der Tatsachen unter uns zurückweicht und wir unversehens mit einer unbekannten Welt konfrontiert werden.

> *Wir haben den Eindruck, in einer anderen Dimension, in einer dünneren Luft zu sein, wo wir mühsam atmen; unsere bisherigen Erfahrungen, unsere Begriffe von Raum, Entfernung, physischer Konsistenz der Gegenstände und ihrer regelmässigen Beziehungen zueinander haben keine Gültigkeit mehr.*[104]

Der Raum, in den Giacomettis Kunst versetzt oder eben vielmehr nicht versetzt, weil es niemandem möglich ist, sich im selben Raum wie eine Giacomettiskulptur zu befinden, «ist die Dimension einer Welt, in der die Zeit, man weiss nicht recht wie, aufgehört hat. Der Raum ist folglich die absolute Vergangenheit [...] Deswegen», so Palma Bucarelli, «leben Giacomettis Figuren in einer unüberwindlichen Distanz; sie sind unerreichbar.»[105] Entrückt. So entrückt, wie jeder Mensch, dem man in diesem Raum-Zeit-Kontinuum begegnen kann, entrückt ist. So entrückt, wie man von sich selbst entrückt ist, was mitunter zum Verrücktwerden ist. So entrückt, wie die Toten, die Götter, die Vergangenheit, die Zukunft und das Jenseits entrückt sind. Aber eben auch so entrückt wie Wesen in einem Schwarzen Loch. Was im physikalischen Universum unmöglich ist, ist angesichts von

Alberto Giacomettis Skulpturen möglich. Man kann in dieses Schwarze Loch hineinsehen. Man kann sie sehen, diese andersweltlichen Wesen, die uns aus der Fremde der Anderswelt heraus anstarren, ohne dass sie mit uns und wir mit ihnen Kontakt aufnehmen könnten.

Um nicht nur hineinzusehen, sondern darüber hinaus auch hineinzugelangen in diese andersweltlichen Welten des Nicht-Hier, des Noch-Nicht, des Nicht-Mehr und des Niemals bedürfte es eines Fährmanns. Aber Giacometti ist nicht Charon. Er ist kein Fährmann, allenfalls ein Weiser. Einer, der auf die unendlich entfernte Welt, in die er seine Modelle hineinverrückt hat und aus der sie zu uns hereinragen, zwar zeigt, uns aber nicht über den Styx bringen kann und will.

Wenn Giacometti dies könnte und wollte, müsste seine Kunst tatsächlich als gescheitert gelten. Sie gliche der Hybris einer Theologie, die im sicheren Besitz des Wortes Gottes zu sein glaubt und den Mund zu voll nimmt, um wahr sein zu können. Diese Hybris, die letzte Wirklichkeit unverhohlen zur Erscheinung bringen zu können, würde sowohl die Theologie als auch die Kunst zum Kitsch oder zur Ideologie werden lassen. Alberto Giacomettis Kunst widersteht dieser Versuchung. Sie entreisst die dargestellten Dinge und Menschen der Ungebrochenheit ihrer Präsenz. Dies hinterlässt Spuren. Denn die Raumzeitruptur zerrt an diesen Geschöpfen wie die Gezeiten eines Schwarzen Lochs. Das versehrt Giacomettis gezeitengeschüttelte, in die vollkommene Unzugänglichkeit und in die unzugängliche Vollkommenheit entfernte Wesen. Und das lässt ihn selbst zum Türhüter werden, der die Tür zur Anderswelt einen Spaltbreit offenhält. Offenbar ist mehr nicht möglich. Aufgrund der Proportionen von Giacomettis Figuren ist mehr aber auch nicht nötig.

Der Spalt, der sich in Alberto Giacomettis Kunst öffnet, ist ein verstörender, schrecklicher Spalt. Und doch tritt aus ihm ein Glanz hervor wie in Franz Kafkas Parabel aus der Tür zum Gesetz.

Vielleicht erschliessen sich vor dem Hintergrund dieses Eindrucks der ureigenen Raumzeit von Giacomettis Kunst auch Alberto Giacomettis merkwürdige Sätze über die Weite der Sahara zwischen den Nasenlöchern einer Skulptur und über die unendliche Dehnung der Zeit bei der Erschaffung seiner Werke. Zu Sartre sagte Giacometti: «Wenn ich meine Statue, wie man es gemeinhin tut, mit der Nasenspitze beginne, reicht eine unendlich lange Zeit nicht aus, um bis zum Nasenflügel zu gelangen.»[106]

Warum ist das so? Weil der Kosmos dieser Kunst ein Kosmos ist, in dem andere Gesetze und andere Massstäbe gelten. Die Massstäbe und die Gesetze der Ewigkeit, von denen niemand, ausser vielleicht dieser eine Höhlenmensch von Montparnasse, einen Schimmer

hatte, wenn es auch ein dunkler Schimmer war. Man kann sich in diesem ungeheuren Kosmos verirren und dort an Ungeheuerliches geraten, das kein Mensch bändigen kann. Alberto Giacometti wusste ein Lied davon zu singen. Nicht nur einmal, als er eine Büste begann, seufzte er: «Ich wurde damit nicht fertig, ich verlor mich, alles entzog sich mir, der Kopf des Modells vor mir wurde undeutlich und grenzenlos wie eine Wolke.»[107]

«Die Gestalt aller künstlerischen Utopie heute ist: Dinge machen, von denen wir nicht wissen, was sie sind.»[108] So schrieb Theodor W. Adorno. Nicht nur in seiner surrealistischen Phase, sondern gerade dann, als es ihm einzig und allein darum ging, die Wirklichkeit eines Wirklichen wiederzugeben, machte Alberto Giacometti derlei Dinge. Fremde Dinge. «Zu welchem Reich gehören sie», fragte der italienische Künstler Mario Negri, «woher kommen sie, wohin gehen sie? Sie scheinen einer unbekannten Spezies anzugehören.»[109]

Vielleicht hält der Höhlenmensch, der aus den Abgründen und Schründen zwischen den Äonen nie gesehene höhlenmenschenartige Wesen ans Licht bringt, dem Homo sapiens aber auch nur den dunklen Spiegel vor, von dem der Apostel Paulus im 1. Korintherbrief schreibt. Dort heisst es: «Jetzt sehen wir alles in einem Spiegel, in rätselhafter Gestalt, dann aber von Angesicht zu Angesicht. Jetzt ist mein Erkennen Stückwerk, dann aber werde ich ganz erkennen, wie ich auch ganz erkannt worden bin.»[110]

Lautet der Titel eines jeden Kunstwerks von Alberto Giacometti also letztlich «*Ecce Homo*»? Siehe, der Mensch? Ist das, was dieser Künstler sichtbar macht, das Mysterium des Menschseins und seiner Präsenz? Dessen dunkle Entzogenheit? Sind es die unlösbaren Welträtsel und die Menschheitsfragen, deren Antwort kein Mensch kennt? Ist es die «Heiligsprechung und Auslöschung alles Seienden zugleich»[111]? Oder ist es etwas ganz anderes? Niemand weiss es. Wüssten wir es, hätte es mit dieser Kunst weit weniger auf sich. Sie wäre nicht heilig, verstörend und erhebend, sondern ernüchternd profan.

Nicht nur Alberto Giacomettis bevorzugtes Bordell trug diesen Namen, auch er selbst war eine Sphinx. Ein Sinnbild des Rätselhaften. Und natürlich ist auch Giacomettis Kunst eine Sphinx. Bis ans Ende der Zeit gibt sie Rätsel auf. Es ist schwer, sich ihr zu entziehen – es sei denn, man wäre mit dem Fluch der Dickfelligkeit gesegnet, der blind, taub und unempfindlich macht für das Geheimnis der Kunst, für das Geheimnis des Lebens, für das Geheimnis des Menschen und für das Geheimnis Gottes.

Wenn man jedoch empfänglich und seismografisch ist, dann wird man sich von dieser Kunst nicht loszureissen vermögen. Man wird nicht aufhören können, von ihr überwältigt zu werden und mit ihr zu ringen. So, wie Alberto Giacometti selbst mit dem Engel rang. Mit dem Mysterium der Wirklichkeit. Mit dem Absoluten. Mit dem Leben und mit dem Tod, die er nicht mehr verstand und die ihn täglich aufs Neue überwältigten. Und vielleicht sogar mit Gott.

Aber vielleicht verhält es sich ja auch ganz anders. Vielleicht ringt nicht Alberto Giacometti mit dem Engel. Vielleicht ist er selbst dieser Engel. Der Engel, mit dem die Götter ringen. Der Engel, den die Götter sich als einzig würdigen Kontrahenten ausersehen haben und den allein sie der Mühe wert erachten, unerbittlich so lange an ihm zu rütteln, bis er sich ihrer erbarmt und seine Kunst zum Medium ihrer Offenbarung werden lässt. Der Engel, dem die Götter zutrauen, was allen anderen Menschen unmöglich oder verboten ist: sich im Irdischen ein Bild des Ewigen zu machen. Der Engel, dem die Gnade zuteil wird, am eigenen Leib und am Leib seiner Kunst die Stigmata der Götter zur Schau tragen zu dürfen.

Der amerikanische Kunsthistoriker Patrick Waldberg hat diesen seltsamen Engel beschrieben.

> *Ein Gesicht wie aus dem kaiserlichen Rom, ein Gestrüpp brauner, leicht angegrauter Haare, wiegender Walzerschritt, das Lächeln eines bizarren Engels, dem sich ab und zu ein verstohlen zweideutiger Zug beigesellt, der ihm in solchen Augenblicken Ähnlichkeit mit einem durch den Anblick eines weiblichen Hinterteils verwirrten Chico Marx verleiht. Regelmässig in der Unregelmässigkeit und pünktlich in seiner nonkonformistischen Lebensweise, so erschöpft er*

sich jeden Tag über seinem aufreibenden Werk, und jeden Abend verspürt er den anziehenden Reiz der Nacht, in die er eintaucht, um Kraft zu schöpfen. Er ist Stammgast der Cafés, der Animierlokale, der billigen Nachtclubs. Als einsamer Nachtschwärmer zu später Stunde bringt ihn erst die Morgendämmerung ins Bett, die Mittagsstunde macht ihn wieder munter und die Mitternacht trägt ihn wieder fort mit der Präzision der Gezeiten.[112]

Das ist er. Der Engel, mit dem die Natur der Dinge ihren Kampf aufnimmt. Der Engel, den die Götter nicht lassen können und in den sie sich verkrallen. Um das Zeitliche zu segnen und von einem ihrer eigenartigsten Geschöpfe gesegnet und erwählt zu werden.

Wen sonst, wenn nicht ihn, Alberto Giacometti, diesen bizarren Engel der Kunst, hätten die Götter für würdig halten sollen, ihr Bildnis zu erschaffen, das nichts und niemand Irdischem gleicht?

Anmerkungen

1 Siehe dazu Cornelius Tittel, Erstickung der Ästhetik durch Moral, in: DIE WELT, 17. Juli 2025, 14.

2 Keep it simple – but have fun, Interview von Michael Köckritz mit Paul Smith, in: ramp style edition 25 / spring 2022, Reutlingen 2022, 96–103, dort 99.

3 «Vivantes cendres, innommées» ist eine Serie von fünfzig Radierungen Alberto Giacomettis zu Gedichten des Schriftstellers Michel Leiris, die nach dessen Selbsttötungsversuch zwischen 1957 und 1960 in Leiris' Wohnung entstanden. Siehe Michel Leiris, Vivantes cendres, innommées, Paris 1961.

4 James Lord, Alberto Giacometti. Biografie, Zürich 1998, 421.

5 Pierre Schneider, Im Louvre mit Alberto Giacometti, in: Louis Aragon mit anderen, Wege zu Giacometti, hg. v. Axel Matthes, München 1987, 160–171, dort 165. Erstveröffentlichung: Pierre Schneider, Au Louvre avec Alberto Giacometti, in: Preuves Nr. 139, 23–31, Paris 1962.

6 Mario Negri, Fragmente für Alberto Giacometti, in: Louis Aragon, a. a. O., 269–278, 278. Erstveröffentlichung: Mario Negri, Frammenti per Alberto Giacometti, in: Domus Nr. 320, Mailand 1956, 40–48.

7 Pierre Dumayet, Die Schwierigkeit, einen Kopf zu machen, in: Alberto Giacometti, Gestern, Flugsand, Zürich, Neuausgabe 2006, 274–280, dort 278. Erstveröffentlichung: Pierre Dumayet, Le Drame d'un réducteur de têtes, in: Le Nouveau Candide 110, Paris, 6. Juni 1963. Siehe auch Mercedes Matter, Essay, in: Alberto Giacometti. Fotografiert von Herbert Matter, Bern, 2., unveränderte Aufl. 1998. Vgl. auch James Lord, Alberto Giacometti, 414.

8 Michael Peppiatt, Giacometti in Paris, London 2023, 259.

9 Alberto Giacometti, Anfang nächster Woche ..., in: Alberto Giacometti, Gestern, Flugsand, 217.

10 Zitiert nach Marcelin Pleynet, Alberto Giacomettis unsichtbares Sujet, in: Louis Aragon, a. a. O., 319–339, dort 334. Vgl. auch Jean-Paul Sartre, Die Suche nach dem Absoluten (Figuren aus dem Staub des Raums), in: Alberto Giacometti, Werke und Schriften, hg. v. Christoph Vitali, Zürich 1998, 258–263, dort 258. Erstveröffentlichung: Jean Paul Sartre, La recherche de l'absolu, in: Situations III, Paris 1949, 302f. Sartres Essay fungierte als Einleitungstext zum Katalog der Ausstellung von Alberto Giacomettis Skulpturen bei Pierre Matisse in New York im Jahr 1948.

11 Johannes 3,30.

12 Jean Genet, Alberto Giacometti, Zürich 1962, 75f.

13 Siehe James Lord, Alberto Giacometti, 425.

14 Gaëtan Picon, Aufzeichnungen nach Giacomettis Tod, in: Louis Aragon, a. a. O., 313–318, 318. Erstveröffentlichung: Gaëtan Picon, Notes écrites après la mort de Giacometti, in: L'Éphémère Nr. 1, Paris 1967, 79.

15 Jean Genet, Alberto Giacometti, 8.

16 David Sylvester, Looking at Giacometti, London 1994, 11 und 31.

17 Ebd., 24.

18 Jean-Paul Sartre, Die Suche nach dem Absoluten, a. a. O., 262.

19 Franz Kafka, Der Jäger Grachus, in: Franz Kafka, Sämtliche Erzählungen, hg. v. Paul Raabe, Frankfurt a. M. 1970, 285–288, dort 287.

20 David Sylvester, Looking at Alberto Giacometti, 35f.

21 Auch andere haben Giacometti und sein Werk fotografiert. Siehe insbesondere Henri Cartier-Bresson und Alberto Giacometti, Die Entscheidung des Auges. La décision d'œil, hg. v. Tobia Bezzola, Zürich 2005. Siehe auch Ernst Scheidegger, Spuren einer Freundschaft. Alberto Giacometti, Zürich und Bern, Neuauflage 2000. Siehe ausserdem Alberto Giacometti / Peter Lindbergh, Saisir l'invisible / Seizing the Invisible, Paris 2019.

22 Mercedes Matter, Essay, a. a. O., 209f.

23 Exodus 3,14.
24 Jean Genet, Alberto Giacometti, 77.
25 Isaku Yanaihara, Mit Alberto Giacometti, aus dem Japanischen übertragen und mit einem Beitrag versehen von Nora Bierich, Bern und Wien 2018, 55.
26 Alberto Giacometti, Grau, Braun, Schwarz … (George Braque), in: Alberto Giacometti, Gestern, Flugsand, 110–112, 112.
27 Ein berühmter Grafikzyklus von Alberto Giacometti trägt diesen Titel. Alberto Giacometti, Paris sans fin, mit Texten von Otto Breicha und Reinhold Hohl, Salzburg 1985.
28 Franz Kafka, Vor dem Gesetz, in: Franz Kafka, Sämtliche Erzählungen, 131f, dort 132.
29 Rainer Maria Rilke, Duineser Elegien, Leipzig 1931, 7.
30 Jean Genet, Alberto Giacometti, 13.
31 André Breton, Handschriftliche Notiz auf der Umschlagseite von Alberto Giacomettis Exemplar von Bretons Manifest «Was ist Surrealismus?» aus dem Jahr 1924, zitiert nach Reinhold Hohl, Alberto Giacometti, Stuttgart 1971, 248.
32 James Lord, Mythic Giacometti, New York 2004, 63.
33 Zitiert nach Alberto Giacometti, Ein Blinder streckt die Hand aus …, in: Louis Aragon, a. a. O., 116f, dort 116. Vgl. auch Alberto Giacometti, Gestern, Flugsand, 106f, 106.
34 Jean Genet, Alberto Giacometti, 22 und 6.

35 Jean-Paul Sartre, Die Suche nach dem Absoluten, a. a. O., 259. Siehe dazu auch die Dokumentation «Der Mann, der durchs Feuer ging: Alberto Giacometti – ein Leben», Ein Portrait von Gero von Boehm, Zitate gelesen von Bruno Ganz, Produktion des Südwestrundfunks 2001, siehe online unter www.youtube.com/watch?v=-p5eKf3xuIw, aufgerufen am 17.4.2025.

36 Genesis 1,1.

37 Zitiert nach Patrick Waldberg, Alberto Giacometti. Der Raum und die Angst, in: Louis Aragon, a. a. O., 358–369, dort 366. Siehe Jean-Paul Sartre, Die Suche nach dem Absoluten, a. a. O., 259.

38 Alberto Giacometti, Die unendliche Eitelkeit, in: Alberto Giacometti, Gestern, Flugsand, 158.

39 Karl Barth, Das Wort Gottes als Aufgabe der Theologie, in: Karl Barth Gesamtausgabe III, Vorträge und kleinere Arbeiten 1922–1925, hg. v. Holger Finze, Zürich 1990, 144–175, 173.

40 Ebd.

41 Ebd.

42 A. a. O., 151.

43 David Sylvester, Aus Gesprächen mit Alberto Giacometti, in: Alberto Giacometti, Gestern, Flugsand, 281–288, dort 285. Erstveröffentlichung: Alberto Giacometti, Entretien avec David Sylvester, in: L'Éphémère Nr. 18, Paris 1971, 183–189.

44 Jean-François Lyotard, Heidegger und «die Juden», hg. v. Peter Engelmann, Wien 1988, 47f.

45 Martin Luther, Letzte geschriebene Worte, 13. Februar 1546, Anhang III A 5, WA 48, 241.

46 Walter Benjamin, Einbahnstrasse, Frankfurt a. M., 11. Aufl. 1991, 82.

47 Theodor W. Adorno, Schubert, in: Theodor W. Adorno, Gesammelte Schriften Bd. 17, hg. v. Rolf Tiedemann, Frankfurt a. M. 1982, 18–33, 33.

48 David Sylvester, Looking at Alberto Giacometti, 171.

49 Georges Charbonnier, Gespräch mit Alberto Giacometti, in: Louis Aragon, a. a. O., 226–235, hier 233. Erstveröffentlichung, in: Les Lettres Nouvelles Nr. 6, Paris, 8. April 1959, 20.

50 Jean Genet, Alberto Giacometti, 8.

51 Esther Keller, Ernst Beyeler. A Life for Art, Basel 2015, 105.

52 Jacques Dupin, Skulptur, in: Louis Aragon, a. a. O., 265–268, dort 266. Erstveröffentlichung: Jacques Dupin, Alberto Giacometti, Edition Maeght, Paris 1962.

53 Theodor W. Adorno, Minima Moralia. Reflexionen aus dem beschädigten Leben, Frankfurt a. M. 1951, 254.

54 Genesis 32,27.

55 Auch die Literatur des Schriftstellers John Burnside macht diesen Dämon immer wieder sichtbar. Vgl. insbesondere ders., A Summer of Drowning, London 2012.

56 Michael Lüthy, Nachwort. Asymmetrie von Blick und Hand: Ein Nachwort zur künstlerisch-exis-

tenziellen Konstellation in Giacomettis Matisse-Zeichnungen, in: Casimiro Di Crescenzo, Im Hotel Regina. Alberto Giacometti vor Henri Matisse. Letzte Bildnisse, Bern und Wien 2016, 129–140, dort 137 und 135.

57 Rainer Maria Rilke, Duineser Elegien, 7.

58 August von Platen, Tristan, in: August von Platen, Gesammelte Werke in einem Band, Leipzig 1839, 29.

59 Jacques Dupin, Skulptur, a. a. O., 267.

60 Pierre Schneider im Gespräch mit Alberto Giacometti, Mein langer Weg, in: Alberto Giacometti, Gestern, Flugsand, 256–262, 259. Erstveröffentlichung: Pierre Schneider, Ma longue marche, in: L'Express Nr. 521, Paris, 8. Juni 1961.

61 A. a. O., 261.

62 A. a. O., 262.

63 André Parinaud im Gespräch mit Alberto Giacometti, in: Alberto Giacometti, Gestern, Flugsand, 263–273, dort 273. Erstveröffentlichung: André Parinaud, Biennale de Venise: Entretien avec Giacometti. Pourquoi je suis sculpteur, in: Arts Nr. 873, Paris, 13. Juni 1962.

64 Zitiert nach Patrick Waldberg, Alberto Giacometti. Der Raum und die Angst, a. a. O., 358–369, dort 360.

65 Pierre Schneider im Gespräch mit Alberto Giacometti, a. a. O., 256–262, 262.

66 So Michel Leiris in seiner Einführung in den Katalog zur Ausstellung Alberto Giacomettis in

der Galerie Beyeler in Basel im Jahr 1964. Michel Leiris / Alberto Giacometti, Alberto Giacometti, Basel 1964. Zitiert nach Ursula Perucchi-Petri, in: Alberto Giacometti, Vivantes cendres, innommées. Eine unbekannte Grafikfolge, Zürich 1989, 11.

67 David Sylvester, Aus Gesprächen mit Alberto Giacometti, a. a. O., 284.

68 Vgl. Antonin Artaud, Schluss mit dem Gottesgericht. Das Theater der Grausamkeit. Letzte Schriften zum Theater, München 1988.

69 Gotthard Jedlicka, Alberto Giacometti. Fragmente aus Tagebüchern, in: Alberto Giacometti, Gestern, Flugsand, 236–246, dort 240. Erstveröffentlichung: Neue Zürcher Zeitung, 5. April 1964, 4.

70 Martin Heidegger, Über den Humanismus, Frankfurt a. M., 9. Aufl. 1991, 15.

71 Jean Genet, Alberto Giacometti, 58.

72 Ebd.

73 Pierre Dumayet, Die Schwierigkeit, einen Kopf zu machen, a. a. O., 277.

74 Zitiert nach Mercedes Matter, Essay, a. a. O., 216.

75 Alberto Giacometti, All das ist nichts Besonderes ..., in: Alberto Giacometti, Gestern, Flugsand, 137.

76 Pierre Dumayet, Die Schwierigkeit, einen Kopf zu machen, a. a. O., 275.

77 Georg Wilhelm Friedrich Hegel, Phänomenologie des Geistes, Stuttgart 1987, 245.

78 A. a. O., 240.

79 A. a. O., 245.

80 Zitiert nach Jacques Dupin, Skulptur, a. a. O., 265.

81 Georges Charbonnier, Gespräch mit Alberto Giacometti, a. a. O., 231.

82 Georg Wilhelm Friedrich Hegel, Jenaer Systementwürfe III. Naturphilosophie und Philosophie des Geistes, hg. v. Rolf-Peter Horstmann, Hamburg 1987, 172.

83 Zitiert nach Mercedes Matter, a. a. O., 210.

84 Pierre Dumayet, Die Schwierigkeit, einen Kopf zu machen, a. a. O., 276.

85 A. a. O., 276.

86 Peter Schneider, Im Louvre mit Alberto Giacometti, a. a. O., 164.

87 Jürgen Kaube, Glotzt nicht so friedlich!, in: Frankfurter Allgemeine Zeitung, 8. August 2025, 11.

88 Jean Genet, Alberto Giacometti, 30.

89 So der Titel der Giacometti-Ausstellung, die von Oktober 2025 bis Februar 2026 in der Kunsthalle Bremen zu sehen war.

90 Vgl. dazu Stefan Trinks, Bronzestrichmännchen aus dem Bergell, in: www.faz.net/aktuell/feuilleton/kunst-und-architektur/bremens-kunsthalle-zeigt-unbekannte-seiten-alberto-giacomettis-110818960.html, aufgerufen am 30.1.2026. Dass sich die Landschaft des Bergells in Giacomettis Skulpturen eingeprägt hat, ist freilich nicht so neu, dass die «Kunstgeschichte umgeschrieben» werden muss.

91 Manuel Gasser, «Ich erinnere mich ...», zitiert nach Alberto Giacometti, Non capisco né la vita né la

morte. Je ne comprends ni la vie ni la mort. Ich verstehe weder das Leben noch den Tod, Konzeption und Texte v. Marco Giacometti und Claudia Demel, Stampa 2016, 53. Erstveröffentlichung in der «Weltwoche» am 21. Januar 1966.

92 Palma Bucarelli, Alberto Giacometti, in: Louis Aragon, a. a. O., 288–307, dort 303. Erstveröffentlichung: Palma Bucarelli, Giacometti. Maestri del XX Secolo, Rom 1962.

93 Johannes 8,21.

94 Martin Heidegger, Sein und Zeit, Tübingen, 16. Aufl. 1986, 105.

95 Bruno Latour, Jubilieren. Über religiöse Rede, Berlin 2011, 175.

96 Arthur Rimbaud, A Paul Demeny/An Paul Demeny. Charleville, 15 mai 1871/Charleville, 15. Mai 1871, Seher-Briefe. hg. v. Werner von Koppenfels, Mainz 1997, 16–45, 20.

97 Alberto Giacometti, Brief an Matisse vom November 1950, zitiert nach Jean Paul Sartre, Die Gemälde Giacomettis, in: Louis Aragon, a. a. O., 238–250, 238. Erstveröffentlichung, in: Les Temps Modernes Nr. 103, Juni 1954.

98 Jean Genet, Alberto Giacometti, 12.

99 Siehe etwa Cormac McCarthy, Cities of the Plain, New York 1998.

100 Walter Benjamin, Das Kunstwerk im Zeitalter seiner technischen Reproduzierbarkeit, in: Walter Benjamin, Illuminationen. Ausgewählte Schriften,

ausgewählt v. Siegfried Unseld, Frankfurt a. M. 1977, 136–169, dort 142.

101 Jean Paul Sartre, Die Gemälde Giacomettis, a. a. O., 238.

102 Rudolf Otto, Das Heilige. Über das Irrationale in der Idee des Göttlichen und sein Verhältnis zum Rationalen, Neuausgabe mit einem Nachwort von Hans Joas, München 2014.

103 Palma Bucarelli, Alberto Giacometti, a. a. O., 296.

104 Ebd.

105 A. a. O., 298.

106 Zitiert nach Patrick Waldberg, Alberto Giacometti. Der Raum und die Angst, a. a. O., 360. Jean Paul Sartre, Die Suche nach dem Absoluten, a. a. O., 260.

107 Zitiert nach Patrick Waldberg, Alberto Giacometti. Der Raum und die Angst, a. a. O., 360.

108 Theodor W. Adorno, Quasi una fantasia. Musikalische Schriften II, Frankfurt a. M. 1963, 437.

109 Mario Negri, Fragmente für Alberto Giacometti, a. a. O., 270.

110 1. Korinther 13,12.

111 So Yves Bonnefoy in seiner monumentalen Monografie über Alberto Giacometti. Yves Bonnefoy, Alberto Giacometti. Eine Biografie seines Werkes, Wabern-Bern 1992, 492.

112 Patrick Waldberg, Alberto Giacometti. Der Raum und die Angst, a. a. O., 358f.

Bildnachweise

Alle Fotografien im Band stammen von Paola Salvioni Martini.

Paola Salvioni traf Alberto Giacometti 1963 in Stampa mit ihrem Mann Alberto Martini, der einen Text über die Malerei des Künstlers verfasste. Aus dieser Zusammenkunft entwickelte sich eine langjährige Freundschaft. Bei den verschiedenen Begegnungen in Stampa und Paris entstanden zahlreiche Porträtaufnahmen. Die Aufnahmen zeigen den Künstler bei der Arbeit in seinem Atelier in Stampa sowie beim Modellsitzen für den Bildhauer Pierre Josse (1908–1984).

Hersteller:
TVZ Theologischer Verlag Zürich AG
Schaffhauserstr. 316, CH-8050 Zürich
info@tvz-verlag.ch

Verantwortlicher in der EU gemäss GPSR:
Brockhaus Kommissionsgeschäft GmbH
Kreidlerstr. 9, D-70806 Kornwestheim
info@brocom.de

Weitere Informationen bezüglich Produktsicherheit
finden Sie unter: www.tvz-verlag.ch/produktsicherheit